MANUAL DE ERGONOMIA

NORMA REGULAMENTADORA 17

MANUAL DE APLICAÇÃO DA NORMA REGULAMENTADORA 17

O livro é a porta que se abre para a realização do homem.

Jair Lot Vieira

Supervisão Editorial

JAIR LOT VIEIRA

MANUAL DE ERGONOMIA

NORMA REGULAMENTADORA 17

Anexo I – Trabalho dos Operadores de *Checkout*
(Portaria MTB/SIT nº 8, de 30.3.2007
atualizada com a Portaria MTB/SIT nº 13, de 21.6.2007)

Anexo II – Trabalho em Teleatendimento/Telemarketing
(Portaria MTB/SIT nº 9, de 30.3.2007)

Tabela da NR-28 – Fiscalização e Penalidades

MANUAL DE APLICAÇÃO DA NORMA REGULAMENTADORA 17

(Conforme publicação oficial do Ministério do Trabalho)

EQUAÇÃO DO NIOSH PARA LEVANTAMENTO MANUAL DE CARGAS

NOTA TÉCNICA Nº 060/2001

Indicação de postura a ser adotada na concepção de postos de trabalho

2ª edição revista

edipro

a) condições de mobilidade suficientes para permitir o ajuste da tela do equipamento à iluminação do ambiente, protegendo-a contra reflexos, e proporcionar corretos ângulos de visibilidade ao trabalhador; (117.019-8 / I = 2)

b) o teclado deve ser independente e ter mobilidade, permitindo ao trabalhador ajustá-lo de acordo com as tarefas a serem executadas; (117.020-1 / I = 2)

c) a tela, o teclado e o suporte para documentos devem ser colocados de maneira que as distâncias olho-tela, olho-teclado e olho-documento sejam aproximadamente iguais; (117.021-0 / I = 2)

d) serem posicionados em superfícies de trabalho com altura ajustável. (117.022-8 / I = 2)

17.4.3.1. Quando os equipamentos de processamento eletrônico de dados com terminais de vídeo forem utilizados eventualmente poderão ser dispensadas as exigências previstas no subitem 17.4.3, observada a natureza das tarefas executadas e levando-se em conta a análise ergonômica do trabalho.

17.5. Condições ambientais de trabalho.

17.5.1. As condições ambientais de trabalho devem estar adequadas às características psicofisiológicas dos trabalhadores e à natureza do trabalho a ser executado. (117.052-0 / I = 3)

17.5.2. Nos locais de trabalho onde são executadas atividades que exijam solicitação intelectual e atenção constantes, tais como: salas de controle, laboratórios, escritórios, salas de desenvolvimento ou análise de projetos, dentre outros, são recomendadas as seguintes condições de conforto:

a) níveis de ruído de acordo com o estabelecido na NBR 10152, norma brasileira registrada no INMETRO; (117.023-6 / I = 2)

b) índice de temperatura efetiva entre 20°C (vinte) e 23°C (vinte e três graus centígrados); (117.024-4 / I = 2)

c) velocidade do ar não superior a 0,75m/s; (117.025-2 / I = 2)

d) umidade relativa do ar não inferior a 40 (quarenta) por cento. (117.026-0 / I = 2)

17.5.2.1. Para as atividades que possuam as características definidas no subitem 17.5.2, mas não apresentam equivalência ou correlação com aquelas relacionadas na NBR 10152, o nível de ruído aceitável para efeito de conforto será de até 65 dB (A) e a curva de avaliação de ruído (NC) de valor não superior a 60 dB.

17.5.2.2. Os parâmetros previstos no subitem 17.5.2 devem ser medidos nos postos de trabalho, sendo os níveis de ruído determinados próximos à zona auditiva e as demais variáveis na altura do tórax do trabalhador.

17.5.3. Em todos os locais de trabalho deve haver iluminação adequada, natural ou artificial, geral ou suplementar, apropriada à natureza da atividade. (117.053-8 / I = 2)

17.5.3.1. A iluminação geral deve ser uniformemente distribuída e difusa. (117.054-6 / I = 1)

17.5.3.2. A iluminação geral ou suplementar deve ser projetada e instalada de forma a evitar ofuscamento, reflexos incômodos, sombras e contrastes excessivos. (117.055-4 / I = 1)

17.5.3.3. Os níveis mínimos de iluminamento a serem observados nos locais de trabalho são os valores de iluminâncias estabelecidos na NBR 5413, norma brasileira registrada no INMETRO. (117.027-9 / I = 2)

17.5.3.4. A medição dos níveis de iluminamento previstos no subitem 17.5.3.3 deve ser feita no campo de trabalho onde se realiza a tarefa visual, utilizando-se de luxímetro com fotocélula corrigida para a sensibilidade do olho humano e em função do ângulo de incidência.

17.5.3.5. Quando não puder ser definido o campo de trabalho previsto no subitem 17.5.3.4, este será um plano horizontal a 0,75m (setenta e cinco centímetros) do piso.

17.6. Organização do trabalho.

17.6.1. A organização do trabalho deve ser adequada às características psicofisiológicas dos trabalhadores e à natureza do trabalho a ser executado. (117.056-2 / I = 4)

17.6.2. A organização do trabalho, para efeito desta NR, deve levar em consideração, no mínimo:

a) as normas de produção;

b) o modo operatório;

c) a exigência de tempo;

d) a determinação do conteúdo de tempo;

e) o ritmo de trabalho;

f) o conteúdo das tarefas.

17.6.3. Nas atividades que exijam sobrecarga muscular estática ou dinâmica do pescoço, ombros, dorso e membros superiores e inferiores, e a partir da análise ergonômica do trabalho, deve ser observado o seguinte:

a) todo e qualquer sistema de avaliação de desempenho para efeito de remuneração e vantagens de qualquer espécie deve levar em consideração as repercussões sobre a saúde dos trabalhadores; (117.029-5 / I = 3)

b) devem ser incluídas pausas para descanso; (117.057-0 / I = 4)

c) quando do retorno do trabalho, após qualquer tipo de afastamento igual ou superior a 15 (quinze) dias, a exigência de produção deverá permitir um retorno gradativo aos níveis de produção vigentes na época anterior ao afastamento. (117.031-7 / I = 3)

17.6.4. Nas atividades de processamento eletrônico de dados, deve-se, salvo o disposto em convenções e acordos coletivos de trabalho, observar o seguinte:

a) o empregador não deve promover qualquer sistema de avaliação dos trabalhadores envolvidos nas atividades de digitação, baseado no número individual de toques sobre o teclado, inclusive o automatizado, para efeito de remuneração e vantagens de qualquer espécie; (117.032-5 / I = 3)

b) o número máximo de toques reais exigidos pelo empregador não deve ser superior a 8 (oito) mil por hora trabalhada, sendo considerado toque real, para efeito desta NR, cada movimento de pressão sobre o teclado; (117.033-3 / I = 3)

c) o tempo efetivo de trabalho de entrada de dados não deve exceder o limite máximo de 5 (cinco) horas, sendo que, no período de tempo restante da jornada, o trabalhador poderá exercer outras atividades, observado o disposto no art. 468 da Consolidação das Leis do Trabalho, desde que não exijam movimentos repetitivos, nem esforço visual; (117.034-1 / I = 3)

d) nas atividades de entrada de dados deve haver, no mínimo, uma pausa de 10 (dez) minutos para cada 50 (cinquenta) minutos trabalhados, não deduzidos da jornada normal de trabalho; (117.035-0 / I = 3)

e) quando do retorno ao trabalho, após qualquer tipo de afastamento igual ou superior a 15 (quinze) dias, a exigência de produção em relação ao número de toques deverá ser iniciado em níveis inferiores do máximo estabelecido na alínea "b" e ser ampliada progressivamente. (117.036-8 / I = 3)

Anexo I

TRABALHO DOS OPERADORES DE *CHECKOUT*

• Anexo I acrescido pela Portaria MTB/SIT nº 8, de 30.3.2007.

1. OBJETIVO E CAMPO DE APLICAÇÃO

1.1. Esta Norma objetiva estabelecer parâmetros e diretrizes mínimas para adequação das condições de trabalho dos operadores de *checkout*, visando à prevenção dos problemas de saúde e segurança relacionados ao trabalho.

1.2. Esta Norma aplica-se aos empregadores que desenvolvam atividade comercial utilizando sistema de autosserviço e *checkout*, como supermercados, hipermercados e comércio atacadista.

2. O POSTO DE TRABALHO

2.1. Em relação ao mobiliário do *checkout* e às suas dimensões, incluindo distâncias e alturas, no posto de trabalho deve-se:

a) atender às características antropométricas de 90% dos trabalhadores, respeitando os alcances dos membros e da visão, ou seja, compatibilizando as áreas de visão com a manipulação; (117.058-9 / I = 3)

b) assegurar a postura para o trabalho na posição sentada e em pé, e as posições confortáveis dos membros superiores e inferiores, nessas duas situações; (117.059-7 / I = 2)

c) respeitar os ângulos limites e trajetórias naturais dos movimentos, durante a execução das tarefas, evitando a flexão e a torção do tronco; (117.060-0 / I = 2)

d) garantir um espaço adequado para livre movimentação do operador e colocação da cadeira, a fim de permitir a alternância do trabalho na posição em pé com o trabalho na posição sentada; (117.061-9 / I = 2)

e) manter uma cadeira de trabalho com assento e encosto para apoio lombar, com estofamento de densidade adequada, ajustáveis à estatura do trabalhador e à natureza da tarefa; (117.062-7 / I = 3)

f) colocar apoio para os pés, independente da cadeira; (117.063-5 / I = 2)

g) adotar, em cada posto de trabalho, sistema com esteira eletro-mecânica para facilitar a movimentação de mercadorias nos *checkouts* com comprimento de 2,70 metros ou mais; (117.064-3 / I = 2)

h) disponibilizar sistema de comunicação com pessoal de apoio e supervisão; (117.065-1 / I = 2)

i) manter mobiliário sem quinas vivas ou rebarbas, devendo os elementos de fixação (pregos, rebites, parafusos) ser mantidos de forma a não causar acidentes. (117.066-0 / I = 2)

2.2. Em relação ao equipamento e às ferramentas utilizadas pelos operadores de *checkout* para o cumprimento de seu trabalho, deve-se:

a) Escolhê-los de modo a favorecer os movimentos e ações próprias da função, sem exigência acentuada de força, pressão, preensão, flexão, extensão ou torção dos segmentos corporais; (117.067-8 / I = 2)

b) Posicioná-los no posto de trabalho dentro dos limites de alcance manual e visual do operador, permitindo a movimentação dos membros superiores e inferiores e respeitando a natureza da tarefa; (117.068-6 / I = 2)

c) Garantir proteção contra acidentes de natureza mecânica ou elétrica nos *checkouts*, com base no que está previsto nas normas regulamentadoras do MTE ou em outras normas nacionais, tecnicamente reconhecidas; (117.069-4 / I = 2)

d) Mantê-los em condições adequadas de funcionamento. (117.070-8 / I = 2)

2.3. Em relação ao ambiente físico de trabalho e ao conjunto do posto de trabalho, deve-se:

a) Manter as condições de iluminamento, ruído, conforto térmico, bem como a proteção contra outros fatores de risco químico e físico, de acordo com o previsto na NR-17 e outras normas regulamentadoras; (117.071-6 / I = 1)

b) Proteger os operadores de *checkout* contra correntes de ar, vento ou grandes variações climáticas, quando necessário; (117.072-4 / I = 1)

c) Utilizar superfícies opacas, que evitem reflexos incômodos no campo visual do trabalhador. (117.073-2 / I = 1)

2.4. Na concepção do posto de trabalho do operador de *checkout* deve-se prever a possibilidade de fazer adequações ou ajustes localizados, exceto nos equipamentos fixos, considerando o conforto dos operadores. (117.074-0 / I = 3)

3. A MANIPULAÇÃO DE MERCADORIAS

3.1. O empregador deve envidar esforços a fim de que a manipulação de mercadorias não acarrete o uso de força muscular excessiva por parte dos operadores de *checkout*, por meio da adoção de um ou mais dos seguintes itens, cuja escolha fica a critério da empresa: (117.075-9 / I = 3)

a) Negociação do tamanho e volume das embalagens de mercadorias com fornecedores;

b) Uso de equipamentos e instrumentos de tecnologia adequada;

c) Formas alternativas de apresentação do código de barras da mercadoria ao leitor ótico, quando existente;

d) Disponibilidade de pessoal auxiliar, quando necessário;

e) Outras medidas que ajudem a reduzir a sobrecarga do operador na manipulação de mercadorias.

3.2. O empregador deve adotar mecanismos auxiliares sempre que, em função do grande volume ou excesso de peso das mercadorias, houver limitação para a execução manual das tarefas por parte dos operadores de *checkout*. (117.076-7 / I = 3)

3.3. O empregador deve adotar medidas para evitar que a atividade de ensacamento de mercadorias se incorpore ao ciclo de trabalho ordinário e habitual dos operadores de *checkout*, tais como: (117.077-5 / I = 3)

a) Manter, no mínimo, um ensacador a cada três *checkouts* em funcionamento;

b) Proporcionar condições que facilitem o ensacamento pelo cliente;

c) Outras medidas que se destinem ao mesmo fim.

3.3.1. A escolha dentre as medidas relacionadas no item 3.3 é prerrogativa do empregador.

3.4. A pesagem de mercadorias pelo operador de *checkout* só poderá ocorrer quando os seguintes requisitos forem atendidos simultaneamente:

a) balança localizada frontalmente e próxima ao operador; (117.078-3 / I = 3)

b) balança nivelada com a superfície do *checkout*; (117.079-1 / I = 2)

c) continuidade entre as superfícies do *checkout* e da balança, admitindo-se até dois centímetros de descontinuidade em cada lado da balança; (117.080-5 / I = 2)

d) teclado para digitação localizado a uma distância máxima de 45 centímetros da borda interna do *checkout*; (117.081-3 / I = 2)

e) número máximo de oito dígitos para os códigos de mercadorias que sejam pesadas. (117.082-1 / I = 2)

3.5. Para o atendimento no *checkout*, de pessoas idosas, gestantes, portadoras de deficiências ou que apresentem algum tipo de incapacidade momentânea, a empresa deve disponibilizar pessoal auxiliar, sempre que o operador de caixa solicitar. (117.083-0 / I = 1)

4. A ORGANIZAÇÃO DO TRABALHO

4.1. A disposição física e o número de *checkouts* em atividade (abertos) e de operadores devem ser compatíveis com o fluxo de clientes, de modo a adequar o ritmo de trabalho às características psicofisiológicas de cada operador, por meio da adoção de pelo menos um dos seguintes itens, cuja escolha fica a critério da empresa: (117.084-8 / I = 3)

a) Pessoas para apoio ou substituição, quando necessário;

b) Filas únicas por grupos de *checkouts*;

c) Caixas especiais (idosos, gestantes, deficientes, clientes com pequenas quantidades de mercadorias);

d) Pausas durante a jornada de trabalho;

e) Rodízio entre os operadores de *checkouts* com características diferentes;

f) Outras medidas que ajudem a manter o movimento adequado de atendimento sem a sobrecarga do operador de *checkout*.

4.2. São garantidas saídas do posto de trabalho, mediante comunicação, a qualquer momento da jornada, para que os operadores atendam às suas necessidades fisiológicas, ressalvado o intervalo para refeição previsto na Consolidação das Leis do Trabalho. (117.085-6 / I = 4)

4.3. É vedado promover, para efeitos de remuneração ou premiação de qualquer espécie, sistema de avaliação do desempenho com base no número de mercadorias ou compras por operador. (117.086-4 / I = 3)

4.4. É atribuição do operador de *checkout* a verificação das mercadorias apresentadas, sendo-lhe vedada qualquer tarefa de segurança patrimonial. (117.087-2 / I = 2)

5. OS ASPECTOS PSICOSSOCIAIS DO TRABALHO

5.1. Todo trabalhador envolvido com o trabalho em *checkout* deve portar um dispositivo de identificação visível, com nome e/ou sobrenome, escolhido(s) pelo próprio trabalhador. (117.088-0 / I = 1)

5.2. É vedado obrigar o trabalhador ao uso, permanente ou temporário, de vestimentas ou propagandas ou maquilagem temática, que causem constrangimento ou firam sua dignidade pessoal. (117.089-9 / I = 2)

6. INFORMAÇÃO E FORMAÇÃO DOS TRABALHADORES

6.1. Todos os trabalhadores envolvidos com o trabalho de operador de *checkout* devem receber treinamento, cujo objetivo é aumentar o conhecimento da relação entre o seu trabalho e a promoção à saúde. (117.090-2 / I = 3)

6.2. O treinamento deve conter noções sobre prevenção e os fatores de risco para a saúde, decorrentes da modalidade de trabalho de operador de *checkout*, levando em consideração os aspectos relacionados a: (117.091-0 / I = 2)

a) posto de trabalho;

b) manipulação de mercadorias;

c) organização do trabalho;

d) aspectos psicossociais do trabalho;

e) agravos à saúde mais encontrados entre operadores de *checkout*.

6.2.1. Cada trabalhador deve receber treinamento com duração mínima de duas horas, até o trigésimo dia da data da sua admissão, com reciclagem anual e com duração mínima de duas horas, ministrados durante sua jornada de trabalho. (117.092-9 / I = 2)

6.3. Os trabalhadores devem ser informados com antecedência sobre mudanças que venham a ocorrer no processo de trabalho. (117.093-7 / I = 2)

6.4. O treinamento deve incluir, obrigatoriamente, a disponibilização de material didático com os tópicos mencionados no item 6.2 e alíneas. (117.094-5 / I = 1)

6.5. A forma do treinamento (contínuo ou intermitente, presencial ou à distância, por palestras, cursos ou audiovisual) fica a critério de cada empresa.

6.6. A elaboração do conteúdo técnico e avaliação dos resultados do treinamento devem contar com a participação de integrantes do Serviço Especializado em Segurança e Medicina do Trabalho e da Comissão Interna de Prevenção de Acidentes, quando houver, e do coordenador do Programa de Controle Médico de Saúde Ocupacional e dos responsáveis pela elaboração e implementação do Programa de Prevenção de Riscos Ambientais. (117.095-3 / I = 1)

7. DISPOSIÇÕES TRANSITÓRIAS

7.1. As obrigações previstas neste anexo serão exigidas após encerrados os seguintes prazos:

7.1.1. Para os subitens 1.1; 1.2; 3.2; 3.5; 4.2; 4.3 e 4.4, prazo de noventa dias.

7.1.2. Para os subitens 2.1 "h"; 2.2 "c" e "d"; 2.3 "a" e "b"; 3.1 e alíneas; 4.1 e alíneas; 5.1; 5.2; e 6.3, prazo de cento e oitenta dias.

• *Item 7.1.2. com redação dada pela Portaria nº 13, de 21.6.2007.*

7.1.3. Para Subitens 2.1 "e" e "f" 3.3 "a", "b" e "c"; 3.3.1; 6.1; 6.2 e alíneas; 6.2.1; 6.4; 6.5 e 6.6, prazo de um ano.

• *Item 7.1.3. com redação dada pela Portaria nº 13, de 21.6.2007.*

7.1.4. Para os subitens 2.1 "a", "b", "c", "d", "g" e "i"; 2.2 "a" e "b"; 2.3 "c"; 2.4 e 3.4 e alíneas, prazos conforme o seguinte cronograma:

a) janeiro de 2008 – todas as lojas novas ou que forem submetidas a reformas;

b) até julho de 2009 – 15% das lojas;

c) até dezembro de 2009 – 35% das lojas;

d) até dezembro de 2010 – 65% das lojas;

e) até dezembro de 2011 – todas as lojas.

Anexo II

TRABALHO EM TELEATENDIMENTO/TELEMARKETING

• *Anexo II acrescido pela Portaria MTB/SIT nº 9, de 30.3.2007.*

1. O presente Anexo estabelece parâmetros mínimos para o trabalho em atividades de teleatendimento/telemarketing nas diversas modalidades desse serviço, de modo a proporcionar um máximo de conforto, segurança, saúde e desempenho eficiente.

1.1. As disposições deste Anexo aplicam-se a todas as empresas que mantêm serviço de teleatendimento/telemarketing nas modalidades ativo ou receptivo em centrais de atendimento telefônico e/ou centrais de relacionamento com clientes (*call centers*), para prestação de serviços, informações e comercialização de produtos.

1.1.1. Entende-se como *call center* o ambiente de trabalho no qual a principal atividade é conduzida via telefone e/ou rádio com utilização simultânea de terminais de computador.

1.1.1.1. Este Anexo aplica-se, inclusive, a setores de empresas e postos de trabalho dedicados a esta atividade, além daquelas empresas especificamente voltadas para essa atividade-fim.

1.1.2. Entende-se como trabalho de teleatendimento/telemarketing aquele cuja comunicação com interlocutores clientes e usuários é realizada à distância por intermédio da voz e/ou mensagens eletrônicas, com a utilização simultânea de equipamentos de audição/escuta e fala telefônica e sistemas informatizados ou manuais de processamento de dados.

2. MOBILIÁRIO DO POSTO DE TRABALHO

2.1. Para trabalho manual sentado ou que tenha de ser feito em pé deve ser proporcionado ao trabalhador mobiliário que atenda aos itens 17.3.2, 17.3.3 e 17.3.4 e alíneas, da Norma Regulamentadora nº 17 (NR-17) e que permita variações posturais, com ajustes de fácil acionamento, de modo a prover espaço suficiente para seu conforto, atendendo, no mínimo, aos seguintes parâmetros: (117.096-1 / I = 3)

a) o monitor de vídeo e o teclado devem estar apoiados em superfícies com mecanismos de regulagem independentes; (117.097-0 / I = 2)

b) será aceita superfície regulável única para teclado e monitor quando este for dotado de regulagem independente de, no mínimo, 26 (vinte e seis) centímetros no plano vertical; (117.098-8 / I = 2)

c) a bancada sem material de consulta deve ter, no mínimo, profundidade de 75 (setenta e cinco) centímetros medidos a partir de sua borda frontal e largura de 90 (noventa) centímetros que proporcionem zonas de alcance manual de, no máximo, 65 (sessenta e cinco) centímetros de raio em cada lado, medidas centradas nos ombros do operador em posição de trabalho; (117.099-6 / I = 2)

d) a bancada com material de consulta deve ter, no mínimo, profundidade de 90 (noventa) centímetros a partir de sua borda frontal e largura de 100 (cem) centímetros que proporcionem zonas de alcance manual de, no máximo, 65 (sessenta e cinco) centímetros de raio em cada lado, medidas centradas nos ombros do operador em posição de trabalho, para livre utilização e acesso de documentos; (117.100-3 / I = 2)

e) o plano de trabalho deve ter bordas arredondadas; (117.101-1 / I = 2)

f) as superfícies de trabalho devem ser reguláveis em altura em um intervalo mínimo de 13 (treze) centímetros, medidos de sua face superior, permitindo o apoio das plantas dos pés no piso; (117.102-0 / I = 2)

g) o dispositivo de apontamento na tela (mouse) deve estar apoiado na mesma superfície do teclado, colocado em área de fácil alcance e com espaço suficiente para sua livre utilização; (117.103-8 / I = 2)

h) o espaço sob a superfície de trabalho deve ter profundidade livre mínima de 45 (quarenta e cinco) centímetros ao nível dos joelhos e de 70 (setenta) centímetros ao nível dos pés, medidos de sua borda frontal; (117.104-6 / I = 2)

i) nos casos em que os pés do operador não alcançarem o piso, mesmo após a regulagem do assento, deverá ser fornecido apoio para os pés que se adapte ao comprimento das pernas do trabalhador, permitindo o apoio das plantas dos pés, com inclinação ajustável e superfície revestida de material antiderrapante; (117.105-4 / I = 2)

j) os assentos devem ser dotados de: (117.106-2 / I = 3)

1. apoio em 05 (cinco) pés, com rodízios cuja resistência evite deslocamentos involuntários e que não comprometam a estabilidade do assento;

2. superfícies onde ocorre contato corporal estofadas e revestidas de material que permita a perspiração;

3. base estofada com material de densidade entre 40 (quarenta) a 50 (cinquenta) kg/m^3;

4. altura da superfície superior ajustável, em relação ao piso, entre 37 (trinta e sete) e 50 (cinquenta) centímetros, podendo ser adotados até 03 (três) tipos de cadeiras com alturas diferentes, de forma a atender as necessidades de todos os operadores;

5. profundidade útil de 38 (trinta e oito) a 46 (quarenta e seis) centímetros;

6. borda frontal arredondada;

7. características de pouca ou nenhuma conformação na base;

8. encosto ajustável em altura e em sentido antero-posterior, com forma levemente adaptada ao corpo para proteção da região lombar; largura de, no mínimo, 40 (quarenta) centímetros e, com relação aos encostos, de no mínimo, 30,5 (trinta vírgula cinco) centímetros;

9. apoio de braços regulável em altura de 20 (vinte) a 25 (vinte e cinco) centímetros a partir do assento, sendo que seu comprimento não deve interferir no movimento de aproximação da cadeira em relação à mesa, nem com os movimentos inerentes à execução da tarefa.

3. EQUIPAMENTOS DOS POSTOS DE TRABALHO

3.1. Devem ser fornecidos gratuitamente conjuntos de microfone e fone de ouvido (*head-sets*) individuais, que permitam ao operador a alternância do uso das orelhas ao longo da jornada de trabalho e que sejam substituídos sempre que apresentarem defeitos ou desgaste devido ao uso. (117.107-0 / I = 2)

3.1.2. Alternativamente, poderá ser fornecido um *head-set* para cada posto de atendimento, desde que as partes que permitam qualquer espécie de contágio ou risco à saúde sejam de uso individual.

3.1.3. Os *head-sets* devem:

a) ter garantidas pelo empregador a correta higienização e as condições operacionais recomendadas pelos fabricantes; (117.108-9 / I = 1)

b) ser substituídos prontamente quando situações irregulares de funcionamento forem detectadas pelo operador; (117.109-7 / I = 1)

c) ter seus dispositivos de operação e controles de fácil uso e alcance; (117.110-0 / I = 1)

d) permitir ajuste individual da intensidade do nível sonoro e ser providos de sistema de proteção contra choques acústicos e ruídos indesejáveis de alta intensidade, garantindo o entendimento das mensagens. (117.111-9 / I = 1)

3.2. O empregador deve garantir o correto funcionamento e a manutenção contínua dos equipamentos de comunicação, incluindo os conjuntos de *head-sets*, utilizando pessoal técnico familiarizado com as recomendações dos fabricantes. (117.112-7 / I = 2)

3.3. Os monitores de vídeo devem proporcionar corretos ângulos de visão e ser posicionados frontalmente ao operador, devendo ser dotados de regulagem que permita o correto ajuste da tela à iluminação do ambiente, protegendo o trabalhador contra reflexos indesejáveis. (117.113-5 / I = 2)

3.4. Toda introdução de novos métodos ou dispositivos tecnológicos que traga alterações sobre os modos operatórios dos trabalhadores deve ser alvo de análise ergonômica prévia, prevendo-se períodos e procedimentos adequados de capacitação e adaptação. (117.114-3 / I = 3)

4. CONDIÇÕES AMBIENTAIS DE TRABALHO

4.1. Os locais de trabalho devem ser dotados de condições acústicas adequadas à comunicação telefônica, adotando-se medidas tais como o arranjo físico geral e dos postos de trabalho, pisos e paredes, isolamento acústico do ruído externo, tamanho, forma, revestimento e distribuição das divisórias entre os postos, com o fim de atender o disposto no item 17.5.2, alínea "a" da NR-17. (117.115-1 / I = 2)

4.2. Os ambientes de trabalho devem atender ao disposto no subitem 17.5.2 da NR-17, obedecendo-se, no mínimo, aos seguintes parâmetros:

a) níveis de ruído de acordo com o estabelecido na NBR 10152, norma brasileira registrada no INMETRO, observando o nível de ruído aceitável para efeito de conforto de até 65 dB(A) e a curva de avaliação de ruído (NC) de valor não superior a 60 dB; (117.116-0 / I = 2)

b) índice de temperatura efetiva entre 20° e 23°C; (117.117-8 / I = 2)

c) velocidade do ar não superior a 0,75 m/s; (117.118-6 / I = 2)

d) umidade relativa do ar não inferior a 40% (quarenta por cento). (117.119-4 / I = 2)

4.2.1. Devem ser implementados projetos adequados de climatização dos ambientes de trabalho que permitam distribuição homogênea das temperaturas e fluxos de ar utilizando, se necessário, controles locais e/ou setorizados da temperatura, velocidade e direção dos fluxos. (117.120-8 / I = 2)

4.2.2. As empresas podem instalar higrômetros ou outros equipamentos que permitam ao trabalhador acompanhar a temperatura efetiva e a umidade do ar do ambiente de trabalho.

4.3. Para a prevenção da chamada "síndrome do edifício doente", devem ser atendidos: (117.121-6 / I = 3)

a) o Regulamento Técnico do Ministério da Saúde sobre "Qualidade do Ar de Interiores em Ambientes Climatizados", com redação da Portaria MS nº 3.523, de 28 de agosto de 1998 ou outra que a venha substituir;

b) os Padrões Referenciais de Qualidade do Ar Interior em ambientes climatizados artificialmente de uso público e coletivo, com redação dada pela Resolução RE nº 9, de 16 de janeiro de 2003, da ANVISA – Agência Nacional de Vigilância Sanitária, ou outra que a venha substituir, à exceção dos parâmetros físicos de temperatura e umidade definidos no item 4.2 deste Anexo;

c) o disposto no item 9.3.5.1 da Norma Regulamentadora nº 9 (NR-9).

4.3.1. A documentação prevista nas alíneas "a" e "b" deverá estar disponível à fiscalização do trabalho. (117.122-4 / I = 1)

4.3.2. As instalações das centrais de ar condicionado, especialmente o *plenum* de mistura da casa de máquinas, não devem ser utilizadas para armazenamento de quaisquer materiais. (117.123-2 / I = 1)

4.3.3. A descarga de água de condensado não poderá manter qualquer ligação com a rede de esgoto cloacal. (117.124-0 / I = 2)

5. ORGANIZAÇÃO DO TRABALHO

5.1. A organização do trabalho deve ser feita de forma a não haver atividades aos domingos e feriados, seja total ou parcial, com exceção das empresas autorizadas previamente pelo Ministério do Trabalho e Emprego, conforme o previsto no art. 68, *caput*, da CLT e das atividades previstas em lei.

5.1.1. Aos trabalhadores é assegurado, nos casos previamente autorizados, pelo menos um dia de repouso semanal remunerado coincidente com o domingo a cada mês, independentemente de metas, faltas e/ou produtividade.

5.1.2. As escalas de fins de semana e de feriados devem ser especificadas e informadas aos trabalhadores com a antecedência necessária, de conformidade com os arts. 67, parágrafo único, e 386 da CLT, ou por intermédio de acordos ou convenções coletivas.

5.1.2.1. Os empregadores devem levar em consideração as necessidades dos operadores na elaboração das escalas laborais que acomodem necessidades especiais da vida familiar dos trabalhadores com dependentes sob seus cuidados, especialmente nutrizes, incluindo flexibilidade especial para trocas de horários e utilização das pausas. (117.125-9 / I = 1)

5.1.3. A duração das jornadas de trabalho somente poderá prolongar-se além do limite previsto nos termos da lei em casos excepcionais, por motivo de força maior, necessidade imperiosa ou para a realização ou conclusão de serviços inadiáveis ou cuja inexecução possa acarretar prejuízo manifesto, conforme dispõe o art. 61 da CLT, realizando a comunicação à autoridade competente, prevista no § 1º do mesmo artigo, no prazo de 10 (dez) dias.

5.1.3.1. Em caso de prorrogação do horário normal, será obrigatório um descanso mínimo de 15 (quinze) minutos antes do início do período extraordinário do trabalho, de acordo com o art. 384 da CLT. (117.126-7 / I = 3)

5.2. O contingente de operadores deve ser dimensionado às demandas da produção no sentido de não gerar sobrecarga habitual ao trabalhador. (117.127-5 / I = 3)

d) médico coordenador do Programa de Controle Médico de Saúde Ocupacional; (117.173-9 / I = 1)

e) responsáveis pelo Programa de Prevenção de Riscos de Ambientais; (117.174-7 / I = 1)

f) representantes dos trabalhadores e outras entidades, quando previsto em acordos ou convenções coletivas de trabalho.

7. CONDIÇÕES SANITÁRIAS DE CONFORTO

7.1. Devem ser garantidas boas condições sanitárias e de conforto, incluindo sanitários permanentemente adequados ao uso e separados por sexo, local para lanche e armários individuais dotados de chave para guarda de pertences na jornada de trabalho. (117.175-5 / I = 3)

7.2. Deve ser proporcionada a todos os trabalhadores disponibilidade irrestrita e próxima de água potável, atendendo à Norma Regulamentadora nº 24 – NR-24. (117.176-3 / I = 4)

7.3. As empresas devem manter ambientes confortáveis para descanso e recuperação durante as pausas, fora dos ambientes de trabalho, dimensionados em proporção adequada ao número de operadores usuários, onde estejam disponíveis assentos, facilidades de água potável, instalações sanitárias e lixeiras com tampa. (117.177-1 / I = 3)

8. PROGRAMAS DE SAÚDE OCUPACIONAL E DE PREVENÇÃO DE RISCOS AMBIENTAIS

8.1. O Programa de Controle Médico de Saúde Ocupacional – PCMSO, além de atender à Norma Regulamentadora nº 7 (NR-7), deve necessariamente reconhecer e registrar os riscos identificados na análise ergonômica. (117.178-0 / I = 2)

8.1.1. O empregador deverá fornecer cópia dos Atestados de Saúde Ocupacional e cópia dos resultados dos demais exames. (117.179-8 / I = 1)

8.2. O empregador deve implementar um programa de vigilância epidemiológica para detecção precoce de casos de doenças relacionadas ao trabalho comprovadas ou objeto de suspeita, que inclua procedimentos de vigilância passiva (processando a demanda espontânea de trabalhadores que procurem serviços médicos) e procedimentos de vigilância ativa, por intermédio de exames médicos dirigidos que incluam, além dos exames obrigatórios por norma, coleta de dados sobre sintomas referentes aos aparelhos psíquico, osteomuscular, vocal, visual e auditivo, analisados e apresentados com a utilização de ferramentas estatísticas e epidemiológicas. (117.180-1 / I = 3)

8.2.1. No sentido de promover a saúde vocal dos trabalhadores, os empregadores devem implementar, entre outras medidas:

a) modelos de diálogos que favoreçam micropausas e evitem carga vocal intensiva do operador; (117.181-0 / I = 2)

b) redução do ruído de fundo; (117.182-8 / I = 2)

c) estímulo à ingestão frequente de água potável fornecida gratuitamente aos operadores. (117.183-6 / I = 2)

8.3. A notificação das doenças profissionais e das produzidas em virtude das condições especiais de trabalho, comprovadas ou objeto de suspeita, será obrigatória por meio da emissão de Comunicação de Acidente de Trabalho, na forma do art. 169 da CLT e da legislação vigente da Previdência Social. (117.184-4 / I = 4)

8.4. As análises ergonômicas do trabalho devem contemplar, no mínimo, para atender à NR-17:

a) descrição das características dos postos de trabalho no que se refere ao mobiliário, utensílios, ferramentas, espaço físico para a execução do trabalho e condições de posicionamento e movimentação de segmentos corporais; (117.185-2 / I = 2)

b) avaliação da organização do trabalho demonstrando: (117.186-0 / I = 3)

1. trabalho real e trabalho prescrito; (117.187-9 / I = 1)

2. descrição da produção em relação ao tempo alocado para as tarefas; (117.188-7 / I = 1)

3. variações diárias, semanais e mensais da carga de atendimento, incluindo variações sazonais e intercorrências técnico-operacionais mais frequentes; (117.189-5 / I = 1)

4. número de ciclos de trabalho e sua descrição, incluindo trabalho em turnos e trabalho noturno; (117.190-9 / I = 1)

5. ocorrência de pausas interciclos; (117.191-7 / I = 1)

6. explicitação das normas de produção, das exigências de tempo, da determinação do conteúdo de tempo, do ritmo de trabalho e do conteúdo das tarefas executadas; (117.192-5 / I = 1)

7. histórico mensal de horas extras realizadas em cada ano; (117.193-3 / I = 1)

8. explicitação da existência de sobrecargas estáticas ou dinâmicas do sistema osteomuscular; (117.194-1 / I = 1)

c) relatório estatístico da incidência de queixas de agravos à saúde colhidas pela Medicina do Trabalho nos prontuários médicos; (117.195-0 / I = 2)

d) relatórios de avaliações de satisfação no trabalho e clima organizacional, se realizadas no âmbito da empresa; (117.196-8 / I = 2)

e) registro e análise de impressões e sugestões dos trabalhadores com relação aos aspectos dos itens anteriores; (117.197-6 / I = 2)

f) recomendações ergonômicas expressas em planos e propostas claros e objetivos, com definição de datas de implantação. (117.198-4 / I = 2)

8.4.1. As análises ergonômicas do trabalho deverão ser datadas, impressas, ter folhas numeradas e rubricadas e contemplar, obrigatoriamente, as seguintes etapas de execução: (117.199-2 / I = 2)

a) explicitação da demanda do estudo; (117.200-0 / I = 2)

b) análise das tarefas, atividades e situações de trabalho; (117.201-8 / I = 2)

c) discussão e restituição dos resultados aos trabalhadores envolvidos; (117.202-6 / I = 2)

d) recomendações ergonômicas específicas para os postos avaliados; (117.203-4 / I = 2)

e) avaliação e revisão das intervenções efetuadas com a participação dos trabalhadores, supervisores e gerentes; (117.204-2 / I = 2)

f) avaliação da eficiência das recomendações. (117.205-0 / I = 2)

8.5. As ações e princípios do Programa de Prevenção de Riscos Ambientais – PPRA devem ser associados àqueles previstos na NR-17. (117.206-9 / I = 1)

9. PESSOAS COM DEFICIÊNCIA

9.1. Para as pessoas com deficiência e aquelas cujas medidas antropométricas não sejam atendidas pelas especificações deste Anexo, o mobiliário dos postos de trabalho deve ser adaptado para atender às suas necessidades, e devem estar disponíveis ajudas técnicas necessárias em seu respectivo posto de trabalho para facilitar sua integração ao trabalho, levando em consideração as repercussões sobre a saúde destes trabalhadores. (117.207-7 / I = 3)

9.2. As condições de trabalho, incluindo o acesso às instalações, mobiliário, equipamentos, condições ambientais, organização do trabalho, capacitação, condições sanitárias, programas de prevenção e cuidados para segurança pessoal devem levar em conta as necessidades dos trabalhadores com deficiência. (117.208-5 / I = 3)

10. DISPOSIÇÕES TRANSITÓRIAS

10.1. As empresas que no momento da publicação da portaria de aprovação deste Anexo mantiverem com seus trabalhadores a contratação de jornada de 06 (seis) horas diárias, nelas contemplados e remunerados 15 (quinze) minutos de intervalo para repouso e alimentação, obrigar-se-ão somente à complementação de 05 (cinco) minutos, igualmente remunerados, de maneira a alcançar o total de 20 (vinte) minutos de pausas obrigatórias remuneradas, concedidos na forma dos itens 5.4.1 e 5.4.2.

10.2. O disposto no item 2 desta norma (MOBILIÁRIO DO POSTO DE TRABALHO) será implementado em um prazo para adaptação gradual de, no máximo, 05 (cinco) anos, sendo de 10% (dez por cento) no primeiro ano, 25% (vinte e cinco por cento) no segundo ano, 45% (quarenta e cinco) no terceiro ano, 75% (setenta e cinco por cento) no quarto ano e 100% (cem por cento) no quinto ano.

10.3. Será constituída comissão permanente para fins de acompanhamento da implementação, aplicação e revisão do presente Anexo.

10.4. O disposto nos itens 5.3 e seus subitens e 5.4 e seus subitens entrarão em vigor em 120 (cento e vinte) dias da data de publicação da portaria de aprovação deste Anexo, com exceção do item 5.4.4 que entrará em vigor em 180 (cento e oitenta) dias da publicação desta norma.

10.5. Ressalvado o disposto no item 10.2 e com exceção dos itens 5.3, 5.4, este anexo passa a vigorar no prazo de 90 (noventa) dias de sua publicação.

TABELA DA NR-28 – FISCALIZAÇÃO E PENALIDADES REFERENTES À NR-17 E ANEXOS

I/S = Item/Subitem	C = Código	I = Infração

NR-17

I/S	C	I
17.1.2	117.037-6	4
17.2.2	117.038-4	3
17.2.3	117.039-2	3
17.2.4	117.040-6	2
17.2.5	117.041-4	3
17.2.6	117.042-2	3
17.2.7	117.043-0	3
17.3.1	117.044-9	3
17.3.2	117.045-7	3
17.3.2 "a"	117.007-4	2
17.3.2 "b"	117.008-2	2
17.3.2 "c"	117.009-0	2
17.3.2.1	117.010-4	2
17.3.3	117.046-5	3
17.3.4	117.047-3	2
17.3.5	117.048-1	3
17.4.1	117.049-0	3
17.4.2 "a"	117.050-3	2
17.4.2 "b"	117.051-1	2
17.4.3 "a"	117.019-8	2
17.4.3 "b"	117.020-1	2
17.4.3 "c"	117.021-0	2
17.4.3 "d"	117.022-8	2
17.5.1	117.052-0	3
17.5.2 "a"	117.023-6	2
17.5.2 "b"	117.024-4	2
17.5.2 "c"	117.025-2	2
17.5.2 "d"	117.026-0	2
17.5.3	117.053-8	2
17.5.3.1	117.054-6	1
17.5.3.2	117.055-4	1
17.5.3.3	117.027-9	2
17.6.1	117.056-2	4
17.6.3 "a"	117.029-5	3
17.6.3 "b"	117.057-0	4
17.6.3 "c"	117.031-7	3
17.6.4 "a"	117.032-5	3
17.6.4 "b"	117.033-3	3
17.6.4 "c"	117.034-1	3
17.6.4 "d"	117.035-0	3
17.6.4 "e"	117.036-8	3

NR-17 – Anexo I

I/S	C	I
2.1 "a"	117.058-9	3
2.1 "b"	117.059-7	2
2.1 "c"	117.060-0	2
2.1 "d"	117.061-9	2
2.1 "e"	117.062-7	3
2.1 "f"	117.063-5	2
2.1 "g"	117.064-3	2
2.1 "h"	117.065-1	2
2.1 "i"	117.066-0	2
2.2 "a"	117.067-8	2
2.2 "b"	117.068-6	2
2.2 "c"	117.069-4	2
2.2 "d"	117.070-8	2
2.3 "a"	117.071-6	1
2.3 "b"	117.072-4	1
2.3 "c"	117.073-2	1
2.4	117.074-0	3
3.1	117.075-9	3
3.2	117.076-7	3
3.3	117.077-5	3
3.4 "a"	117.078-3	3
3.4 "b"	117.079-1	2
3.4 "c"	117.080-5	2
3.4 "d"	117.081-3	2
3.4 "e"	117.082-1	2
3.5	117.083-0	1
4.1	117.084-8	3
4.2	117.085-6	4
4.3	117.086-4	3
4.4	117.087-2	2
5.1	117.088-0	1
5.2	117.089-9	2
6.1	117.090-2	3
6.2	117.091-0	2
6.2.1	117.092-9	2
6.3	117.093-7	2
6.4	117.094-5	1
6.6	117.095-3	1

NR-7 – Anexo II

I/S	C	I
2.1	117.096-1	3
2.1 "a"	117.097-0	2
2.1 "b"	117.098-8	2
2.1 "c"	117.099-6	2
2.1 "d"	117.100-3	2
2.1 "e"	117.101-1	2
2.1 "f"	117.102-0	2
2.1 "g"	117.103-8	2
2.1 "h"	117.104-6	2
2.1 "i"	117.105-4	2
2.1 "j"	117.106-2	3

3.1	117.107-0	2
3.1.3 "a"	117.108-9	1
3.1.3 "b"	117.109-7	1
3.1.3 "c"	117.110-0	1
3.1.3 "d"	117.111-9	1
3.2	117.112-7	2
3.3	117.113-5	2
3.4	117.114-3	3
4.1	117.115-1	2
4.2 "a"	117.116-0	2
4.2 "b"	117.117-8	2
4.2 "c"	117.118-6	2
4.2 "d"	117.119-4	2
4.2.1	117.120-8	2
4.3	117.121-6	3
4.3.1	117.122-4	1
4.3.2	117.123-2	1
4.3.3	117.124-0	2
5.1.2.1	117.125-9	1
5.1.3.1	117.126-7	3
5.2	117.127-5	3
5.2.1	117.128-3	3
5.3	117.129-1	4
5.3.1	117.130-5	4
5.4	117.140-2	4
5.4.1 "a"	117.131-3	3
5.4.1 "b"	117.132-1	4
5.4.1 "c"	117.133-0	3
5.4.2	117.134-8	3
5.4.3	117.135-6	3
5.4.4	117.136-4	2
5.4.4.1	117.137-2	1
5.4.4.2	117.138-0	2
5.4.5	117.139-9	3
5.5	117.141-0	2
5.6	117.142-9	2

5.7	117.143-7	4
5.8	117.144-5	3
5.9	117.145-3	3
5.10 "a"	117.146-1	1
5.10 "b"	117.147-0	1
5.10 "c"	117.148-8	1
5.10 "d"	117.149-6	1
5.10 "e"	117.150-0	1
5.11 "a"	117.151-8	3
5.11 "b"	117.152-6	3
5.12	117.153-4	3
5.13 "a"	117.154-2	3
5.13 "b"	117.155-0	2
5.13 "c"	117.156-9	2
5.14	117.157-7	2
5.15	117.158-5	3
5.16	117.159-3	1
6.1	117.160-7	3
6.1.1	117.161-5	3
6.1.2 "a"	117.162-3	1
6.1.2 "b"	117.163-1	1
6.1.2 "c"	117.164-0	1
6.1.2 "d"	117.165-8	1
6.1.2 "e"	117.166-6	3
6.1.2 "f"	117.167-4	1
6.1.2 "g"	117.168-2	1
6.2	117.169-0	3
6.3 "a"	117.170-4	1
6.3 "b"	117.171-2	1
6.3 "c"	117.172-0	1
6.3 "d"	117.173-9	1
6.3 "e"	117.174-7	1
7.1	117.175-5	3
7.2	117.176-3	4
7.3	117.177-1	3
8.1	117.178-0	2

8.1.1	117.179-8	1
8.2	117.180-1	3
8.2.1 "a"	117.181-0	2
8.2.1 "b"	117.182-8	2
8.2.1 "c"	117.183-6	2
8.3	117.184-4	4
8.4 "a"	117.185-2	2
8.4 "b"	117.186-0	3
8.4 "b" 1	117.187-9	1
8.4 "b" 2	117.188-7	1
8.4 "b" 3	117.189-5	1
8.4 "b" 4	117.190-9	1
8.4 "b" 5	117.191-7	1
8.4 "b" 6	117.192-5	1
8.4 "b" 7	117.193-3	1
8.4 "b" 8	117.194-1	1
8.4 "c"	117.195-0	2
8.4 "d"	117.196-8	2
8.4 "e"	117.197-6	2
8.4 "f"	117.198-4	2
8.4.1	117.199-2	2
8.4.1 "a"	117.200-0	2
8.4.1 "b"	117.201-8	2
8.4.1 "c"	117.202-6	2
8.4.1 "d"	117.203-4	2
8.4.1 "e"	117.204-2	2
8.4.1 "f"	117.205-0	2
8.5	117.206-9	1
9.1	117.207-7	3
9.2	117.208-5	3

VALOR DA MULTA (EM UFIR)	
Segurança do Trabalho	Medicina do Trabalho
6.304	3.782

TABELA DE GRADAÇÃO DAS MULTAS

Anexo I da NR- 28 com redação dada pela Portaria nº 3, de 1º.7.1992

GRADAÇÃO DAS MULTAS (EM UFIR)								
Número de empregadores	**Segurança do Trabalho**				**Medicina do Trabalho**			
	I1	I2	I3	I4	I1	I2	I3	I4
1 a 10	630 a 729	1129 a 1393	1691 a 2091	2252 a 2792	378 a 428	676 a 839	1015 a 1254	1350 a 1680
11 a 25	730 a 830	1394 a 1664	2092 a 2495	2793 a 3334	429 a 498	840 a 1002	1255 a 1500	1681 a 1998
26 a 50	831 a 963	1665 a 1935	2496 a 2898	3335 a 3876	499 a 580	1003 a 1166	1501 a 1746	1999 a 2320
51 a 100	964 a 1104	1936 a 2200	2899 a 3302	3877 a 4418	581 a 662	1167 a 1324	1747 a 1986	2321 a 2648
101 a 250	1105 a 1241	2201 a 2471	3303 a 3718	4419 a 4948	663 a 744	1325 a 1482	1987 a 2225	2649 a 2976
251 a 500	1242 a 1374	2472 a 2748	3719 a 4121	4949 a 5490	745 a 826	1483 a 1646	2226 a 2471	2977 a 3297
501 a 1000	1375 a 1507	2749 a 3020	4122 a 4525	5491 a 6033	827 a 906	1647 a 1810	2472 a 2717	3298 a 3618
Mais de 1000	1508 a 1646	3021 a 3284	4526 a 4929	6034 a 6304	907 a 990	1811 a 1973	2718 a 2957	3619 a 3782

- *A UFIR foi extinta, sendo congelada no valor de R$ 1,0641 pelo § 3º do art. 29 da Medida Provisória nº 1.973-69, de 21.12.2000, tendo sido a nº 2.176-79, de 23.8.2001, sua última reedição, e posteriormente, convertida na Lei nº 10.522, de 19.7.2002.*

MANUAL DE APLICAÇÃO DA NORMA REGULAMENTADORA 17 ERGONOMIA

Conforme publicação oficial do Ministério do Trabalho

COMISSÃO NACIONAL DE ERGONOMIA

Manual de Aplicação da Norma Regulamentadora nº 17 / Brasília / 2002 / © 1994 – Ministério do Trabalho / É permitida a reprodução parcial ou total desta obra, desde que citada a fonte. / 1. ed., 1994, tiragem 2.000 exemplares / 2. ed., 2002, tiragem 15.000 exemplares / Edição e distribuição: Secretaria de Inspeção do Trabalho – SIT / Esplanada dos Ministérios – Bloco F, Anexo, Ala B, 1º andar / Tels.: (0xx61) 317-6688/317-6672 / Fax: (0xx61) 323-7851 / CEP: 70059-900 – Brasília/DF / Impresso no Brasil/*Printed in Brazil*

Dados Internacionais de Catalogação na Publicação – CIP Biblioteca. Seção de Processos Técnicos – TEM / M294 Manual de aplicação da Norma Regulamentadora nº 17, 2. ed., Brasília : MTE, SIT, 2002. 101 p. : Il. Inclui bibliografia. A Portaria nº 3.751, de 23.11.1990, estabelece os princípios da Ergonomia da NR – 17. / 1. Ergonomia, Normas, Brasil. 2. Saúde ocupacional, Brasil. 3. Inspeção do trabalho, Brasil. I. Brasil. Ministério do Trabalho e Emprego (MTE). II. Brasil. Secretaria de Inspeção do Trabalho (SIT). / CDD – 620.82

APRESENTAÇÃO

A atual redação da Norma Regulamentadora 17 – Ergonomia foi estabelecida pela Portaria nº 3.751, de 23 de novembro de 1990. O Ministério do Trabalho e Emprego, no ano de 2000, realizou treinamentos para auditores-fiscais do trabalho com especialização em Saúde e Segurança no Trabalho em todo o País, analisando a aplicação desta Norma pela fiscalização. Nesses cursos, verificou-se uma ampla diversidade de interpretação, o que representa um obstáculo à efetiva implantação da Norma.

A elaboração deste Manual, reunindo a experiência prática de 10 anos de fiscalização, tem como objetivo subsidiar a atuação dos auditores-fiscais do trabalho e dos profissionais de Segurança e Saúde do Trabalhador nas suas atividades. A publicação contou com a colaboração da Comissão Nacional de Ergonomia, composta pelos técnicos Mário Gawryszewski, Cláudio Cezar Peres, Rosemary Dutra Leão, Lívia Santos Arueira, Lys Esther Rocha, Paulo Antonio Barros Oliveira, Carlos Alberto Diniz Silva e Maria de Lourdes Moure.

A Norma Regulamentadora nº 17 é comentada, item por item, com o objetivo de esclarecer o significado dos conceitos expressos, caracterizando o que se espera em cada enunciado e definindo os principais aspectos a serem considerados na elaboração de uma Análise Ergonômica do Trabalho, ressaltando que a realização desta análise tem como objetivo principal a modificação das situações de trabalho. É necessária a participação dos trabalhadores no processo de elaboração da Análise Ergonômica do Trabalho e na definição e implantação da efetiva adaptação das condições de trabalho às características psicofisiológicas dos trabalhadores.

Este documento não se propõe a fornecer soluções para todas as diferentes condições de trabalho existentes, mas caracteriza a legislação em vigor e a Ergonomia como um importante instrumento para garantir a segurança e a saúde dos trabalhadores, bem como a produtividade das empresas.

Juarez Correia Barros Júnior

Diretor do Departamento de Segurança e Saúde no Trabalho

1. O Processo de Elaboração da NR-17

A descrição do processo de elaboração dessa norma é importante para que, expondo o contexto social e os atores envolvidos, possamos compreender seus avanços e limitações.

Em 1986, diante dos numerosos casos de tenossinovite ocupacional entre digitadores, os diretores da área de saúde do Sindicato dos Empregados em Empresa de Processamento de Dados no Estado de São Paulo – SINDPD/SP fizeram contato com a Delegacia Regional do Trabalho, em São Paulo – DRT/SP, buscando recursos para prevenir as referidas lesões.

Foi constituída uma equipe composta de médicos e engenheiros da DRT/SP e de representantes sindicais que, por meio de fiscalizações a várias empresas, verificou as condições de trabalho e as repercussões sobre a saúde desses trabalhadores, utilizando a análise ergonômica do trabalho. Em todas as avaliações, foi constatada a presença de fatores que sabidamente contribuíam para o aparecimento das Lesões por Esforço Repetitivo – LER: o pagamento de prêmios de produção, a ausência de pausas, a prática de horas-extras e a dupla jornada de trabalho, dentre outros.

Exceto nos aspectos referentes ao iluminamento, ao ruído e à temperatura, a legislação em vigor não dispunha de nenhuma norma regulamentadora em que o MTE pudesse se apoiar para obrigar as empresas a alterar a forma como era organizada a produção, com todos os estímulos possíveis à aceleração da cadência de trabalho.

Durante 1988 e 1989, a Associação de Profissionais de Processamento de Dados (APPD nacional) realizou reuniões com representantes da Secretaria de Segurança e Medicina do Trabalho – SSMT em Brasília, da FUNDACENTRO e da DRT/SP para elaborar um projeto de norma que estabelecesse limites à cadência de trabalho e proibisse o pagamento de prêmios de produtividade, bem como estabelecesse critérios de conforto para os trabalhadores de sua base, que incluíam o mobiliário, a ambiência térmica, a ambiência luminosa e o nível de ruído.

Nesse mesmo período, o Ministério do Trabalho convocou toda a sociedade civil para que organizasse seminários e debates com o objetivo de recolher sugestões para a melhoria de todas as Normas Regulamentadoras – NR. Nesses seminários, chegaram várias sugestões de alteração da NR-17, mas eram propostas de alterações pontuais conservando a estrutura geral em vigor. Não havia nenhuma proposta concreta que fosse ao âmago da questão: o controle da cadência e do ritmo do processo produtivo.

Durante o segundo semestre de 1989, a DRT/SP elaborou um manual e um documentário em vídeo sobre o trabalho com terminais de vídeo (Rocha *et alii*, 1989), a partir da tradução e da adaptação do texto *"Les écrans de visualisation: guide méthodologique pour médecin du travail"*, publicado pelo INRS (*Institut National de Recherche em Sécurité*), em 1987, na França. Esse material foi usado em seminário nacional realizado em dezembro de 1989, em São Paulo, com médicos e engenheiros de 10 Delegacias Regionais do Trabalho. Nesse seminário, foi decidido que não deveria ser elaborada uma norma apenas para os profissionais em processamento de dados, pois as LER eram observadas também em várias outras atividades profissionais. Além disso, o Secretário de Segurança e Medicina do Trabalho também não concordava com a ideia de se elaborar uma norma que abrangesse apenas o setor de processamento de dados, argumentando que, dentro em breve, todos os setores produtivos exigiriam uma norma específica.

Em meados de 1989, a SSMT pediu à equipe de fiscalização das empresas de processamento de dados da DRT/SP que elaborasse uma nova redação da NR-17 que incluísse as sugestões coletadas, os resultados das discussões do seminário nacional, bem como a proposta de regulamentação das atividades de processamento de dados elaborada pela APPD nacional. O prazo estabelecido para essa atividade foi de apenas 10 dias.

Embora não dispusesse de estudos sistemáticos de ergonomia em outros setores produtivos além do processamento de dados, a equipe considerou que não se poderia perder a oportunidade de fazer avançar a legislação. Procurou-se, então, colocar itens que abrangessem o mais possível as diversas situações de trabalho, sem a preocupação com o detalhamento. Um maior ajuste poderia ser feito posteriormente, após a realização de estudos em outras atividades. Abaixo desses itens abrangentes, colocou-se o detalhamento no que se refere ao trabalho com entrada eletrônica de dados (atenção, a Norma não usa a palavra digitação – que é menos abrangente –, mas entrada eletrônica de dados), pois este já estava pronto e gozava de relativo consenso.

Em março de 1990, às vésperas do término do Governo Sarney, a Ministra do Trabalho Dorothéa Werneck assinou a portaria que alterava a NR-17 e a NR-5, enviando para a publicação no *Diário Oficial da União.* Houve, inclusive, uma solenidade no momento da assinatura, em São Paulo, com a presença de entidades representativas de trabalhadores. Infelizmente, a nova NR-5 contrariava fortemente os interesses das classes patronais, e a portaria não foi publicada.

Em junho de 1990, por interferência do Presidente do SINDPD/SP, conseguiu-se que o Ministro do Trabalho assinasse a portaria quedava nova redação à NR-17, cujo conteúdo era o mesmo da portaria que não foi publicada em março.

Após a publicação, a classe patronal, principalmente Federação das Indústrias do Estado de São Paulo – FIESP e Federação Brasileira dos Bancos – FEBRABAN se deram conta das possibilidades abertas pela nova redação e que as alterações não se limitavam à área de processamento de dados. Foi solicitada imediatamente uma discussão dos técnicos do Ministério do Trabalho e de representantes dessas instituições para modificar seu conteúdo.

A equipe de fiscalização em ergonomia realizou debates com uma legião de advogados e outros representantes da FIESP e FEBRABAN, principalmente nos aspectos da organização do trabalho. Como os artigos da CLT são regulamentados pelas Normas e a Ergonomia possui relação apenas em dois artigos da CLT que se referem à prevenção da fadiga, os empresários argumentavam que os aspectos da organização do trabalho diziam respeito apenas às empresas. Felizmente, a redação havia sido baseada em sólidos argumentos e conseguiu-se vencer a oposição patronal em quase todos os aspectos.

A nova proposta foi encaminhada à SSST e publicada em 23 de novembro de 1990, pela Portaria nº 3.751, com alterações que, infelizmente, comprometeram, em parte, o seu entendimento e, por consequência, a sua aplicação prática.

2. Comentários sobre a NR-17

De acordo com a *Ergonomics Research Society* (1949), "Ergonomia é o estudo do relacionamento entre o homem e seu trabalho, equipamento e ambiente e, particularmente, a aplicação dos conhecimentos de anatomia, fisiologia e psicologia na solução dos problemas surgidos desse relacionamento".

Já para Wisner (1987), "Ergonomia é o conjunto dos conhecimentos científicos relacionados ao homem e necessários à concepção de instrumentos, máquinas e dispositivos que possam ser utilizados com o máximo de conforto, segurança e eficiência".

Esse conceito foi, com as devidas adaptações, utilizado na redação do item 17.1. Mais tarde (1994), o mesmo autor reformula sua definição colocando o saber do trabalhador no mesmo nível do saber tecnocientífico e como condição indispensável para o sucesso da ação ergonômica, como veremos na discussão sobre *conforto* no item 17.1: "Ergonomia é arte[1] na qual são utilizados o saber tecnocientífico e o saber dos trabalhadores sobre sua própria situação de trabalho".

1. A palavra "arte" designa tudo aquilo que é produzido pelos homens e é a tradução latina da palavra grega *techné* (= técnica), palavra que se opõe a *physis* (= natureza), que é aquilo que existe independentemente do homem. Por exemplo, falamos de arte médica e arte da construção naval. Atualmente, temos tendência a associar a palavra arte apenas às belas-artes. Para Aristóteles (1984), "a arte é idêntica a uma capacidade de produzir que envolve o reto raciocínio" mas que versa sobre coisas variáveis, pois dependentes do homem. Ele contrapõe arte ao conhecimento científico, que "é um juízo sobre coisas universais e necessárias."

A seguir, faremos comentários sobre os diversos subitens da NR-17 que possam esclarecer as principais dúvidas surgidas nas empresas.

17.1. Esta Norma Regulamentadora visa estabelecer parâmetros que permitam a adaptação das condições de trabalho às características psicofisiológicas dos trabalhadores, de modo a proporcionar um máximo de conforto, segurança e desempenho eficiente.

A palavra *parâmetros* criou uma falsa expectativa de que seriam fornecidos valores precisos, normatizando toda e qualquer situação de trabalho. Apenas para entrada eletrônica de dados, é que há referência a números precisos. No entanto, os resultados dos estudos realizados no Brasil e no exterior devem ser utilizados nas transformações das condições de trabalho de modo a proporcionar um máximo de conforto, segurança e desempenho eficiente.

As características psicofisiológicas dizem respeito a todo o conhecimento referente ao funcionamento do ser humano. Se a ergonomia se distingue pela sua característica de busca da adaptação das condições de trabalho ao homem, a primeira pergunta a se colocar é: quem é este ou quem são estes seres humanos a quem vou adaptar o trabalho? Evidentemente, todo o conhecimento antropológico, psicológico, fisiológico está aí incluído, e não podemos fazer uma listagem completa de todas essas características. Ainda não se tem um conhecimento acabado sobre o homem. Mas todas as aquisições dos diversos ramos do conhecimento devem ser utilizadas na melhoria das condições de trabalho. Apenas como exemplo citamos algumas dessas características que fazem parte do consenso entre os estudiosos e que estão implícitas na redação da NR-17.

Algumas características psicofisiológicas do ser humano:

- *prefere escolher livremente sua postura, dependendo das exigências da tarefa e do estado de seu meio interno;*
- *prefere utilizar alternadamente toda a musculatura corporal e não apenas determinados segmentos corporais;*
- *tolera mal tarefas fragmentadas com tempo exíguo para execução e, pior ainda, quando esse tempo é imposto por uma máquina, pela gerência, pelos clientes ou colegas de trabalho, ou seja, prefere impor sua própria cadência ao trabalho;*

- *é compelido a acelerar sua cadência quando estimulado pecuniariamente ou por outros meios, não levando em conta os limites de resistência de seu sistema musculoesquelético;*
- *sente-se bem quando solicitado a resolver problemas ligados à execução das tarefas, logo, não pode ser encarado como uma mera máquina, mas sim como um ser que pensa e age;*
- *tem capacidades sensitivas e motoras que funcionam dentro de certos limites, que variam de um indivíduo a outro e ao longo do tempo para um mesmo indivíduo;*
- *suas capacidades sensorimotoras modificam-se com o processo de envelhecimento, mas perdas eventuais são amplamente compensadas por melhores estratégias de percepção e resolução de problemas desde que possa acumular e trocar experiência;*
- *organiza-se coletivamente para gerenciar a carga de trabalho, ou seja, nas atividades humanas a cooperação tem um papel importante, muito mais que a competitividade.O sucesso da raça humana no processo evolutivo deve-se, em grande parte, a sua capacidade de agir em conjunto, conduta observada em várias outras espécies. A extrema divisão do trabalho e a imposição de uma carga de trabalho individual impedem os mecanismos de regulação dos grupamentos humanos, levando ao adoecimento, como veremos no comentário do subitem 17.6.*

A palavra *conforto* merece um destaque especial. A regulamentação em segurança e saúde no trabalho quase sempre diz respeito a limites de tolerância que podem ser medidos objetivamente. O mesmo não ocorre aqui. Para se avaliar o conforto, é imprescindível a expressão do trabalhador. Só ele poderá confirmar ou não a adequação das soluções que os técnicos propuseram. Portanto, tanto para se começar a investigar as inadequações como para solucioná-las, a palavra do trabalhador deve ser a principal diretiva. Compreendemos como é difícil para técnicos acostumados a lidar com valores objetivos ter de levar em conta a opinião dos trabalhadores. Mas lembramos que a origem das atuais inadequações deve-se, em grande parte, à separação radical entre a concepção das condições e organização do trabalho e a sua execução, principalmente após a introdução da organização taylorista. Ou seja, os trabalhadores nunca são consultados sobre a qualidade das ferramentas, do mobiliário, sobre o tempo alocado à realização da tarefa etc. A ergonomia surge para colocar o trabalhador novamente como agente das transformações.

O desempenho eficiente não deve ser encarado apenas como uma otimização do volume da produção. Para que seja considerado eficiente, é necessário que o trabalhador possa permanecer no processo produtivo durante todo o tempo que a própria sociedade estipula como sendo seu dever, principalmente agora que o sistema previdenciário está deficitário. Se o trabalhador deve permanecer por mais tempo na vida ativa, é preciso que suas condições permitam a execução das tarefas até uma idade mais avançada. Querer postergar a idade da aposentadoria sem a contrapartida da melhoria dos postos de trabalho, é condenar uma grande parcela da população ao desemprego ou, na melhor das hipóteses, a uma aposentadoria precoce por invalidez. Portanto, é de interesse de toda a sociedade zelar pela própria eficiência de seguro social. O elevado índice de aposentadoria por invalidez devido aos Distúrbios Osteomusculares Relacionados ao Trabalho – DORT tem sua origem na forma como o trabalho tem sido organizado. A organização do trabalho, sabidamente patogênica, não pode ser um item de gerenciamento exclusivo das empresas. A saúde pública também deve ser levada em conta.

17.1.1. As condições de trabalho incluem aspectos relacionados ao levantamento, transporte e descarga de materiais, ao mobiliário, aos equipamentos e às condições ambientais do posto de trabalho e à própria organização do trabalho.

A inclusão da organização do trabalho dentro do que se entende por condições de trabalho e sujeita à atuação é o avanço mais significativo da nova redação. Até então, a organização do trabalho era considerada intocável e passível de ser modificada apenas por iniciativa da empresa, muito embora os estudos comprovassem o papel decisivo desempenhado por ela na gênese de numerosos comprometimentos à saúde do trabalhador que não se limitam aos distúrbios osteomusculares.

17.1.2. Para avaliar a adaptação das condições de trabalho às características psicofisiológicas dos trabalhadores, cabe ao empregador realizar a análise ergonômica do trabalho, devendo a mesma abordar, no mínimo, as condições de trabalho conforme estabelecido nesta NR.

Este é o subitem mais polêmico da Norma. Ele foi colocado para ser usado quando o auditor-fiscal do trabalho tivesse dificuldade para entender situações complexas em que fosse necessária a presença de um ergonomista. Evidentemente, nesse caso, os gastos coma análise devem ser cobertos pelo empregador. Têm-se pedido análises ergonômicas de uma forma rotineira e protocolar. Isso só tem dado margem a que se façam análises grosseiras e superficiais que em nada contribuem para a melhoria das condições de trabalho. Na solicitação da análise ergonômica, deve-se ter clareza de qual é a demanda, enfocando-se um problema específico. Sempre que o auditor-fiscal do trabalho solicitar uma análise, deve explicitar claramente qual é o problema que quer resolver e pelo qual está pedindo ajuda a um ergonomista.

Teoricamente, podemos dizer que uma análise, seja lá qual for, só é empreendida quando temos de solucionar um problema complexo, cujo entendimento só é possível se decompusermos o todo complexo em partes menores em que apreensão possa ser evidenciada. Compreendendo-se as partes, compreende-se o todo. Por exemplo, se há casos de DORT em uma empresa, devemos primeiramente saber em que setor ela incide mais. Se esse setor comportar diversas tarefas, procura-se saber em qual atividade há maior número de casos. Finalmente, decompõe-se a atividade em suas diversas partes e verifica-se em qual delas há um ou mais fatores que sabidamente causam DORT. Resumindo, não há análise em abstrato. Analisa-se algo para compreender um problema.

A maioria das situações de trabalho coloca problemas ergonômicos facilmente detectados pelo auditor-fiscal do trabalho que não demandam a opinião de ergonomistas. Por exemplo, o trabalho contínuo na posição em pé pode ser mudado sem se recorrer ao ergonomista. Basta que se estude uma mudança do arranjo físico e do mobiliário de modo a permitir a alternância de posturas: sentada e em pé.

Embora à primeira vista uma ação ergonômica possa parecer muito demorada, dependendo de sua abrangência, pode beneficiar um grande número de trabalhadores. O auditor-fiscal do trabalho pode eleger uma situação mais complexa para ser objeto de estudo mais acurado. Na DRT/SP, ao lado do trabalho rotineiro de fiscalização, sempre foram constituídas equipes que estudavam problemas mais abrangentes como, por exemplo, a entrada eletrônica de dados, os *checkout* de supermercados etc.

Sempre que uma empresa for notificada a realizar uma análise ergonômica do trabalho, os responsáveis devem ter clareza do objeto de análise. Mesmo que no Termo de Notificação não haja maiores detalhes da situação a ser analisada, devem-se esclarecer esses pormenores junto ao auditor-fiscal. A empresa deve também proporcionar um contato entre o ergonomista-consultor e o auditor-fiscal para que todas as dúvidas sejam esclarecidas e os problemas possam ser resolvidos satisfatoriamente.

Uma questão que sempre surge é sobre um certo modelo de relatório que contenha as exigências requeridas pela fiscalização. Um tal modelo não existe pronto para todas as situações. O que se deve ter em mente são alguns passos que devem ser seguidos para melhor exposição dos resultados da análise, como veremos a seguir. Nunca se deve esquecer que o mais importante é que o relatório deixe bem claro qual foi o problema que demandou o estudo, os métodos e técnicas utilizadas para abordar o problema, os resultados e as proposições de mudança. De nada adianta seguir um modelo se o problema não for esclarecido e resolvido.

A análise ergonômica do trabalho é um processo construtivo e participativo para a resolução de um problema complexo que exige o conhecimento das tarefas, da atividade desenvolvida para realizá-las e das dificuldades enfrentadas para se atingirem o desempenho e a produtividade exigidos.

A análise começa por uma demanda que pode ter diversas origens. Pode ser a constatação de que em determinado setor há um número elevado de doenças ou acidentes (demanda de saúde) ou reclamações de sindicato de trabalhadores (demanda social) ou a partir de uma notificação de auditores-fiscais do trabalho ou de ações civis públicas (demandas legais) que, por sua vez, também se originaram de alguma queixa ou reclamação. Da parte das empresas, uma demanda quase sempre advém da necessidade de melhorar a qualidade de um produto ou serviço prestado ou motivado por maiores ganhos de produtividade.

A demanda deve ser estudada para direcionar a análise. Esta pode ser "reconstruída" pelo ergonomista e seus interlocutores; isto é, nos primeiros contatos entre ergonomistas e trabalhadores pode-se chegar à conclusão de que a origem do problema, da queixa, da reclamação não era bem o que havia sido explicitado anteriormente, mas algo que ainda não estava muito claro para os vários envolvidos. Por exemplo, uma queixa de intolerância ao ruído pode ser a primeira manifestação de distúrbios provocados pelo trabalho em turnos. Logo, o que deve ser investigada é a adequação dos arranjos dos horários de trabalho. Ater-se apenas ao controle do ruído pode não ser de relevância. Outro exemplo: o aparecimento de DORT num setor pode ser consequência de retrabalho ocasionado pelo mau funcionamento do setor anterior da cadeia produtiva. Logo, o problema vai ser resolvido somente se eliminarmos os problemas de qualidade que são a origem do retrabalho.

Após a reconstrução da demanda, o ergonomista apresentará um contrato de trabalho em que se explicitarão as etapas da análise, bem como os procedimentos a serem utilizados.

A análise ergonômica deverá conter, minimamente, as seguintes etapas:

1. A análise da demanda e do contexto: para situar o problema a ser analisado, como explicado acima. Nossa opinião é que o auditor-fiscal pode aceitar, por exemplo, a reformulação de sua notificação, principalmente se ficar demonstrado que, no estudo da demanda, houve a participação de todos os atores sociais e foram incorporados os interesses dos diferentes operadores da situação a ser analisada e, a partir dessa situação, ficar demonstrado que, a partir de outros critérios, coletivamente mais consistentes, um outro posto, ou uma outra situação mais grave foi identificada e merece ser enfrentada prioritariamente em relação àquela notificada. Isso se aplica, mais frequentemente, em relação aos prazos determinados na notificação.
2. A análise global da empresa: seu grau de evolução técnica, sua posição no mercado, sua situação econômico financeira, sua expectativa de crescimento etc. Tudo isso para que as soluções propostas possam ser adequadas a esse quadro. Não se propõe uma automação baseada na microeletrônica para uma empresa de fundo de quintal, assim como não se propõe a solução de um novo arranjo físico, sem levar em conta o aumento do efetivo. Em setores fortemente competitivos, as alterações de cadência de uma esteira devem ser propostas e exigidas para todas as empresas do mesmo ramo de atividade e ao mesmo tempo. O desenho de um *checkout* de uma rede de supermercados presente em vários estados da Federação deve ser aceito pelos auditores de diferentes delegacias regionais.

   De um modo esquemático, o analista deve estar atento aos seguintes pontos:

   - o contexto econômico e comercial (mercado), consumidores, regulamentação, clientes, concorrência, posição da empresa nos mercados interno/externo;
   - produtos: tipos, qualidade, materiais, exigências dos clientes;

- história da empresa e perspectivas futuras: política de desenvolvimento, origem, estrutura administrativa, evolução, políticas, estratégias;
- geo-economia: ambiente geográfico, aprovisionamento de matéria-prima e de material de consumo, vias de acesso, mercado de mão de obra, clima, localização, qualidade do tecido social e industrial de suporte;
- dimensão técnica da produção: tecnologia, características das matérias-primas, variações sazonais da produção;
- produto: tipo, qualidade e materiais;
- organização da produção: fluxogramas do processo, principais etapas e tarefas, arranjo físico, tecnologia, automação, metas produtivas, capacidade de produção, índice de produtividade, percentagem de refugo, percentagem de utilização da capacidade instalada, taxa de ocupação das máquinas, o vocabulário/jargão utilizado, observação das latas de lixo, modelos de gestão, gestão de estoques, gestão da qualidade;
- organização do trabalho: horários, turnos, cadências, ritmos, políticas de remuneração, repartições de tarefas, polivalência, qualificações, terceirização, grau e forma de equipes, organogramas;
- dimensão legislativa e regulamentos: ambiental, sanitária, civil e penal; propriedade industrial, insalubridade, periculosidade e penosidade;
- resíduos: exigências quanto aos rejeitos industriais, destino/reciclagem do lixo, qualidade, processamento.

3. A análise da população de trabalhadores: política de pessoal, faixa etária, evolução da pirâmide de idades, rotatividade, antiguidade na função atual e na empresa, tipos de contrato, experiência, categorias profissionais, níveis hierárquicos, características antropométricas, pré-requisitos para contratação, nível de escolaridade e capacitação, estado de saúde, morbidade, mortalidade, absenteísmo etc. Se quisermos adaptar o trabalho ao homem, é logicamente impossível promover essa adaptação se não conhecermos a população à qual a mesma se destina.
4. Definição das situações de trabalho a serem estudadas: essa escolha parte necessariamente da demanda dos primeiros contatos com os operadores e das hipóteses iniciais que já começam a ser formuladas.

5. A descrição das tarefas prescritas, das tarefas reais e das atividades desenvolvidas para executá-las. Grosseiramente, diríamos que a tarefa prescrita é o objetivo fixado pela empresa. "Produzir 420 peças por dia, com tais e tais requisitos de qualidade, dispondo para tanto de tais e tais ferramentas e mate-riais". A tarefa real é o objetivo que o trabalhador se dá, caso ele tenha possibilidade de alterar o objetivo fixado pela empresa. "Bem, eu gostaria de fabricar as 420 peças, mas devido ao mau estado de minhas ferramentas ou à gripe de que estou acometido, hoje só vou fabricar 350". A atividade é tudo aquilo que o trabalhador faz para executar a tarefa: gestos, palavras, raciocínios etc. Esse conhecimento é importante, pois as inadequações ficam mais bem evidenciadas quando se nota o descompasso entre o que é exigido e o que é realmente executado, se for o caso. Deve-se explicar o descompasso. A matéria-prima é de má qualidade? As ferramentas não estão adequadas? O trabalhador sofre interrupções contínuas? Caso, o trabalhador não consiga modificar a tarefa prescrita e os meios disponíveis não forem adequados, ele deve realizar um esforço adicional para atingir os objetivos. Nesse caso, às custas de um desgaste de seu corpo que vai redundar em fadiga ou adoecimento. É o caso, por exemplo, de quem trabalha em um ritmo imposto pela máquina. Não se consegue diminuir a velocidade da máquina ou da esteira. De uma maneira esquemática, podemos dizer que quando a carga de trabalho supera a capacidade do trabalhador e ele não consegue modificá-la, fatalmente haverá aumento do absenteísmo por fadiga ou adoecimento, assim como o aumento do número de acidentes. Outra saída é o afastamento definitivo por iniciativa do empregador ou do empregado. Nesse caso, constata-se uma alta rotatividade da mão de obra. Concluindo, absenteísmo elevado e alta rotatividade são indicadores indiretos de sobrecarga de trabalho ou, o que é o mesmo, de inadequação entre características psicofisiológicas dos trabalhadores e a natureza do trabalho. Por "natureza do trabalho" queremos dizer as exigências das tarefas e os meios disponíveis para realizá-las.

A seguir, selecionamos alguns elementos que podem ser utilizados na descrição das tarefas e das atividades. Esta lista consta de literatura consultada e deve ser entendida como caráter exemplificativo e uma ajuda à memória. Não pretende ser exaustiva nem ser roteiro obrigatório. O importante é que a descrição permita ao leitor do relatório compreender o que o trabalhador deve fazer (a tarefa) e como proceder para atingir esse objetivo (atividade), bem como as dificuldades que enfrenta.

Dados referentes ao homem:

- operador(es) que intervém no posto(s) e seu papel no sistema de produção;
- formação e qualificação profissional;
- número de operadores trabalhando simultaneamente em cada posto e regras de divisão de tarefas (quem faz o quê?);
- número de operadores trabalhando sucessivamente em cada posto e regras de sucessão (horários, turnos, modos de alternância das equipes);
- características da população: como descrito anteriormente.

Dados referentes à(s) máquina(s):

- estrutura geral;
- dimensões características (croqui, foto, fluxograma de produção);
- órgãos de comando;
- órgãos de sinalização;
- princípios de funcionamento da máquina (mecânico, elétrico, hidráulico, pneumático, eletrônico etc.);
- problemas aparentes;
- aspectos críticos evidentes.

Dados referentes às ações dos operadores:

- ações imprevistas ou não programadas;
- principais gestos realizados pelo(s) operador(es);
- principais posturas;
- principais deslocamentos realizados pelo(s) operador(es);
- principais ligações sensorimotoras;
- grandes categorias de tratamentos de informações;
- principais decisões a serem tomadas pelo(s) operador(es);
- principais regulações ao nível do homem, do posto, do sistema;
- principais ações do(s) operador(es) sobre a(s) máquina(s), as entradas e as saídas.

Dados referentes ao meio ambiente de trabalho (para maiores detalhes, ver comentários do subitem 17.5 – Condições ambientais de trabalho):

- espaços e locais de trabalho em confronto com dados antropométricos e biomecânicos;
- ambiente sonoro;
- ambiente térmico;
- ambiente luminoso;
- ambiente vibratório (intensidade, amplitude, frequência);
- ambiente tóxico (concentração de partículas e gases tóxicos).

EXIGÊNCIAS DO TRABALHO

A lista seguinte não necessita estar toda explicitada no estudo, mas apenas os elementos pertinentes à(s) demanda(s) e à(s) hipótese(es) inicial(ais). Ela serve de ajuda à memória.

Exigências referentes à tarefa:

- esforços dinâmicos: deslocamentos a pé, transportes de cargas, utilização de escadas e outros. Devem ser levadas em conta a frequência, a duração, a amplitude e a força exigida;
- esforços estáticos: postura exigida por uma determinada atividade, estimativas de duração da atividade e frequência.

EXIGÊNCIAS REFERENTES AO ORGANISMO HUMANO: POSTURAS, MOVIMENTOS, GASTOS ENERGÉTICOS

Exigências sensoriais do trabalho.

Dados referentes às fontes de informação:

- levantamento dos diferentes sinais úteis ao(s) operador(es);
- diferentes tipos de canais (visuais, auditivos, táteis, olfativos ou gustativos);
- variedade de suportes (cor, grafismo, letras);
- frequência e repartição dos sinais;
- intensidade dos sinais luminosos e sonoros;
- dimensões dos sinais visuais (relação distância-formato, por exemplo);

- discriminação dos sinais de um mesmo tipo (sonoro, por exemplo);
- riscos dos efeitos de máscara ou de interferência de sinais;
- dispersão espacial das fontes;
- exigências de sinais de advertência e de sistemas de interação;
- importância das diferenças de intensidade a serem percebidas.

Dados referentes aos órgãos sensoriais:
Visão:

- campo visual do operador e localização dos sinais;
- tempo disponível para acomodação visual;
- riscos de ofuscamento;
- acuidade visual exigida pela tomada de informação;
- sensibilidade às diferenças de luminâncias;
- rapidez de percepção de sinais visuais;
- sensibilidade às diferenças de cores;
- duração da solicitação do sistema visual.

Audição:

- acuidade auditiva exigida para recepção dos sinais sonoros;
- riscos de problemas de audição (notadamente em razão de intensidade sonora muito elevada; solicitando de forma intensa o aparelho auditivo);
- sensibilidade às comunicações verbais em ambientes ruidosos;
- sensibilidade às diferenças de sons (altura, frequência, timbre, tempo de exposição).

Dados referentes aos dispositivos sinais-comandos:

- número e variedade de comandos das máquinas;
- posição, distância relativa dos sinais e dos comandos associados;
- grau de precisão da ação do operador sobre o comando das máquinas;
- intervalo entre o aparecimento do sinal e o início da ação;

- rapidez e frequência das ações realizadas pelo operador;
- grau de complexidade nos movimentos de diferentes comandos, manobrados sequencialmente ou simultaneamente;
- grau de realismo dos comandos;
- disposição relativa dos comandos e cronologia de sua utilização;
- grau de correspondência entre a forma dos comandos e suas finalidades;
- grau de coerência dos diferentes movimentos de comandos com efeitos similares.

Dados referentes ao operador:

- exigências antropométricas: posição dos comandos em relação às zonas de alcance das mãos e dos pés;
- posturas ou gestos do operador susceptíveis de impedir a recepção de um sinal;
- membros do operador envolvidos pelos diferentes comandos da máquina;
- ações simultâneas das mãos ou dos pés;
- grau de encadeamento dos gestos sucessivos;
- grau de conformidade dos deslocamentos dos comando sem relação aos estereótipos dos operadores;
- grau de compatibilidade entre efeito de uma ação sobre um comando, percebido (ou imaginado) pelo operador e a codificação utilizada (forma, dimensão, cor) desse comando.

6. Estabelecimento de um pré-diagnóstico: ele deve ser explicitado às várias partes envolvidas, após o que será validado ou abandonado como hipótese explicativa para o problema. Exemplo, os distúrbios osteomusculares podem estar relacionados à exigência de elevação permanente do membro superior para realizar a tarefa de cortar a jugular do frango em um abatedouro. Se essa hipótese for plausível, o analista elaborará meios para comprová-la ou refutá-la. Por exemplo, a filmagem da atividade do trabalhador encarregado dessa tarefa. Esse é o conteúdo da etapa seguinte.

7. Observação sistemática da atividade, bem como dos meios disponíveis para realizar a tarefa. Continuando o exemplo anterior: baseado na filmagem, pode-se constatar que o trabalhador permanece com o braço elevado continuamente por "x" minutos. Igualmente que o plano de trabalho está muito elevado, que a cadeira disponível não garante seu conforto, que a lâmina utilizada no corte não está bem afiada. Uma descrição dos métodos e técnicas utilizados (entrevistas orais ou escritas, gravadas ou não, filmagens e sua duração) deverá constar do relatório para que os leitores possam apreciar o grau de confiabilidade dos resultados. Uma medição do tempo em que se fica com o ombro elevado baseada em cinco minutos de filmagem pode não corresponder à realidade quando a situação é muito variável de acordo com a hora do dia. Pode ser confiável se a atividade é praticamente idêntica durante toda a jornada. A avaliação do conforto de uma cadeira, restrita à opinião de um só trabalhador, pode não ter validade geral. Os métodos e técnicas poderão figurar em um item específico ou serem explicitados quando da exposição dos resultados para melhor avaliação de sua confiabilidade. O importante é que qualquer afirmação seja acompanhada de uma justificativa de como se chegou a ela. A palavra método, de origem grega (*meta* = objetivo e *ódos* = caminho), quer dizer o caminho percorrido para se chegar a tal meta, resultado.
8. O diagnóstico ou diagnósticos: partindo das situações analisadas em detalhe, é possível formular um diagnóstico local, que permitirá o melhor conhecimento da situação de trabalho. Por exemplo: "Chegou-se à conclusão de que os DORT podem ser atribuídos à elevação constante do membro superior para seccionar a jugular do frango. Por sua vez, essa rigidez postural é consequência do ritmo imposto pela *nórea*[2]". O diagnóstico não deve se restringir a afirmações gerais como "a empresa cumpre com a NR-17" ou "a empresa deve trocar seus móveis para outros mais ergonômicos", frases frequentes nos relatórios que chegam à fiscalização. O diagnóstico deve ser composto de uma parte referente ao chamado DIAGNÓSTICO LOCAL e também de um DIAGNÓSTICO GLOBAL, em que o diagnóstico local deve ser relacionado à atividade e ao funcionamento da empresa ou do

2. *Nórea*: é o conjunto de monotrilhas elevadas e esteiras móveis usado para transporte e sustentação das aves que estão sendo processadas ao longo dos postos de trabalho. Seria similar à linha de montagem, só que aqui a ave é desmantelada e não montada.

grupo a que ela pertence e aos determinantes socioeconômicos em que ela está inserida.

9. Validação do diagnóstico: ele é apresentado a todos os atores envolvidos que poderão confirmá-lo, rejeitá-lo ou sugerir maiores detalhes que escaparam à percepção do analista. A validação é a única garantia da lisura dos procedimentos e da pertinência dos resultados, pois só aqueles atores detêm a experiência e o conhecimento da realidade e são os maiores interessados nas modificações que advirão do diagnóstico.
10. O projeto de modificações/alterações: esse tem sido o item mais negligenciado segundo o depoimento dos auditores fiscais. Ora, fazer um diagnóstico e não discutir nenhuma alteração para sanar os problemas é completamente inútil. O analista deve propor melhorias das condições de trabalho tanto no aspecto da produção como, principalmente, no da saúde. Nas recomendações são indicadas as transformações e melhorias efetivas das condições de trabalho propostas, incluindo aí, necessariamente, os aspectos relativos ao desenvolvimento pessoal dos trabalhadores, como a formação e o treinamento para as novas atividades ou os novos postos de trabalho que estarão sendo implantados, se for o caso. Se os ergonomistas estão sempre tentando compreender o trabalho para transformá-lo, a intervenção ergonômica só se completa após as transformações do local de trabalho.
11. O cronograma de implementação das modificações/alterações: os auditores-fiscais têm de ser informados dos tempos necessários a essas modificações para que possam situá-los nos prazos concedidos pela legislação ou renegociá-los com o apoio das organizações sindicais. Os prazos devem ser compatíveis com as *transformações propostas,* incluindo a implementação de testes, criação de protótipos e processos de modelagem, dentre outras coisas.
12. O acompanhamento das modificações/alterações: o analista deve deixar claro qual o seu papel durante a implementação. Se foi negociada anteriormente a sua participação ou se nova negociação deverá ser feita. De qualquer modo, a ação ergonômica não está terminando com a proposição de soluções, mas apenas começando. Posteriormente, é preciso avaliar o impacto das modificações sobre os trabalhadores, pois qualquer modificação acarreta alterações das tarefas e atividades que deverão ser, novamente, objeto de outra análise. O pessoal da empresa

pode ser treinado para utilizar instrumentos simples de avaliação como questionários de opinião dos trabalhadores e grades de observação das posturas, desde que a situação não seja muito complexa e dispense a presença do ergonomista.

17.2. Levantamento, transporte e descarga individual de materiais.

A proposta encaminhada à SSST, em 1990, incluía um quadro estabelecendo a carga máxima para levantamento levando-se em conta a idade (trabalhador adulto jovem e adolescente aprendiz), o sexo e a frequência do trabalho (raramente ou frequentemente). Como os valores desse quadro contrariavam o disposto no Capítulo V da CLT, ele foi eliminado. Lembramos que uma Norma Regulamentadora não pode contrariar a lei maior que é a CLT. Toda proposta de melhoria no que se refere a esse subitem deve passar pela mudança da CLT mediante aprovação no Congresso Nacional.

Na prática essa dificuldade pode ser contornada por meio do subitem 17.2.2. Se forem constatados acometimentos à saúde e à segurança (por exemplo, lombalgias) em determinado local onde há levantamento de cargas, mesmo quando respeitados os limites preconizados pela CLT, o auditor-fiscal poderá exigir modificações. O subitem é bem claro:

17.2.2. Não deverá ser exigido nem admitido o transporte manual de cargas, por um trabalhador, cujo peso seja suscetível de comprometer sua saúde ou sua segurança.

É questão apenas de compilar os dados referentes à morbidade dos trabalhadores que comprovem o acometimento a sua saúde: lombalgias, hérnias de disco, qualquer comprometimento da coluna vertebral causado por superesforço.

O fato de a legislação ainda permitir transporte e levantamento de carga com limites muito elevados, não quer dizer que se deve se ater aos mesmos. Quanto mais leve for a carga, menor é a possibilidade de o trabalhador comprometer sua saúde e, portanto, de não faltar ao trabalho. As lombalgias constituem um grave problema para a seguridade social e onera bastante toda a população.

O *National Institut on Occupational and Safety Health – NIOSH*, órgão do governo americano, desenvolveu uma equação que permite calcular qual seria o limite de peso recomendável levando-se em conta certos fatores. Ver, em anexo, a tradução da Nota Técnica (NTP 477) elaborada pelo *Centro Nacional de Condiciones de Trabajo da Espanha*, que trata desta equação.

17.3. Mobiliário dos postos de trabalho

O mobiliário deve ser concebido com regulagens que permitam ao trabalhador adaptá-lo às suas características antropométricas (altura, peso, comprimento das pernas etc.). Deve permitir também alternâncias de posturas (sentado, em pé etc.), pois não existe nenhuma postura fixa que seja confortável.

Entre a população trabalhadora há indivíduos muito pequenos e muito grandes. É difícil conceber um mobiliário que satisfaça a esses extremos. O recomendável é que o mobiliário permita uma regulagem que atenda a pelo menos 95% da população em geral.

Não é recomendável que as dimensões dos postos de trabalho sejam adaptadas somente à população que esteja empregada, pois quando se pretende modificar os postos de trabalho visando a uma melhor adaptação, não se deve basear apenas nas medidas antropométricas da população que já esteja ocupando os postos, mas sim basear-se em dados de toda a população brasileira. Isso porque os trabalhadores atuais podem já ter sofrido uma seleção, formal ou informal, e terem permanecido apenas aqueles que melhor se adaptaram e, portanto, não serem representativos de todos que poderão, no futuro, ocupar esses postos.

As regulagens dos planos de trabalho permitem também uma adaptação à tarefa. Por exemplo: onde há necessidade de se exercer grande força com os membros superiores, um plano mais baixo permite que a força seja exercida com o antebraço em extensão, que é aposição onde se consegue maior força. Por outro lado, se há grande necessidade de controle visual da tarefa (por exemplo, costurar), um plano mais elevado facilita a aproximação dos olhos até o detalhe a ser visualizado.

Concluindo, o mobiliário deve ser adaptado não só às características antropométricas da população, mas também à natureza do trabalho, ou seja, às exigências da tarefa.

17.3.1. Sempre que o trabalho puder ser executado na posição sentada, o posto de trabalho deve ser planejado ou adaptado para essa posição.

A interpretação desse subitem tem gerado mal-entendidos. A postura mais adequada ao trabalhador é aquela que ele escolhe livremente e que pode ser variada ao longo do tempo. O tempo de manutenção de uma postura deve ser o mais breve possível, pois seus efeitos, eventualmente nocivos, dependem do tempo durante o qual ela será mantida. A apreciação do tempo de manutenção de uma postura deve levar em conta, por um lado, o tempo unitário de manutenção (sem possibilidades de modificações posturais) e, por outro, o tempo total de manutenção registrado durante a jornada de trabalho.

Os esforços estáticos devem ser reduzidos ao máximo. Todo esforço de manutenção postural implica uma contração muscular estática que pode ser nociva à saúde e, portanto, toda e qualquer postura rígida e fixa deve ser evitada. A redação do subitem teve por intenção reduzir aposição de trabalho em pé, muito comum no meio industrial. Na maioria das vezes, a realização da tarefa não é incompatível com a postura sentada. Reproduzimos abaixo a argumentação a favor da adaptação dos postos de trabalho de modo a permitirem a alternância de postura, encontrada nos principais manuais de ergonomia. (Ver tb. Nota Técnica nº 60/2001 nesta edição.)

FISIOPATOLOGIA DO TRABALHO MUSCULAR

O trabalho muscular se traduz pela contração de certos músculos e relaxamento de outros. A contração muscular é o fenômeno fundamental da atividade física. O trabalho muscular estático caracteriza-se por uma contração prolongada da musculatura (manutenção de uma postura ou membro contra a gravidade). Dessa forma, o músculo não alonga seu comprimento e permanece em estado de alta tensão, produzindo força durante longo período. Os efeitos fisiológicos dos esforços estáticos estão ligados à compressão dos vasos sanguíneos. O sangue deixa de fluir e o músculo não recebe oxigênio nem nutrientes, os resíduos metabólicos não são retirados, acumulando-se e provocando dor e fadiga musculares. O tempo de manutenção da contração é função da tensão.

A POSTURA EM PÉ

De maneira geral, a concepção dos postos de trabalho não leva em consideração o conforto do trabalhador na escolha da postura de trabalho, mas sim as necessidades da produção.

A escolha da postura em pé, muitas vezes, tem sido justificada por considerar que, nessa posição, as curvaturas da coluna estejam em alinhamento correto e que, dessa forma, as pressões sobre o disco intervertebral são menores que na posição sentada. Mas os músculos que sustentam o tronco contra a força gravitacional, embora vigorosos, não são muito adequados para manter a postura em pé. Eles são mais eficazes na produção dos movimentos necessários às principais mudanças de postura. Por mais econômica que possa ser em termos de energia muscular, a posição em pé ideal não é usualmente mantida por longos períodos, pois as pessoas tendem a utilizar alternadamente a perna direita e a esquerda como apoio, para provavelmente facilitar a circulação sanguínea ou reduzir as compressões sobre as articulações. A posição em pé, com o peso sendo suportado por uma das pernas, aumenta a atividade eletromiográfica no lado da perna que suporta o peso.

A manutenção da postura em pé imóvel tem ainda as seguintes desvantagens:

- tendência à acumulação do sangue nas pernas, o que predispõe ao aparecimento de insuficiência valvular venosa nos membros inferiores, resultando em varizes e sensação de peso nas pernas;
- sensações dolorosas nas superfícies de contato articulares que suportam o peso do corpo (pés, joelhos, quadris);
- a tensão muscular permanentemente desenvolvida para manter o equilíbrio dificulta a execução de tarefas de precisão;
- a penosidade da posição em pé pode ser reforçada se o trabalhador tiver ainda que manter posturas inadequadas dos braços (acima do ombro, por exemplo), inclinação ou torção de tronco ou de outros segmentos corporais;
- a tensão muscular desenvolvida em permanência para manutenção do equilíbrio traz mais dificuldades para a execução de trabalhos de precisão.

A escolha da postura em pé só está justificada nas seguintes condições:

- a tarefa exige deslocamentos contínuos como no caso de carteiros e rondantes;
- a tarefa exige manipulação de cargas com peso igual ou superior a 4,5kg;
- a tarefa exige alcances amplos frequentes, para cima, para frente ou para baixo; no entanto, deve-se tentar reduzir a amplitude desses alcances para que se possa trabalhar sentado;
- a tarefa exige operações frequentes em vários locais de trabalho, fisicamente separados;
- a tarefa exige a aplicação de forças para baixo, como em empacotamento.

Fora dessas situações, o auditor-fiscal do trabalho não deve aceitar, em hipótese alguma, o trabalho em pé. Muitos ergonomistas, no afã de resolver as dificuldades dos empregadores, têm emitido opiniões favoráveis ao trabalho em pé apenas para evitar que o plano de trabalho seja adaptado, o que acarretaria um certo custo monetário. Ora, os custos dessas pequenas adaptações são mínimos se comparados à fadiga e à penosidade das tarefas que vão ser executadas em pé durante todo o dia e por vários anos. No mais das vezes, nem é o gasto econômico que está na origem da dificuldade. Muitos empregadores têm a falsa impressão de que o trabalho sentado induz à indolência. Evidentemente, trata-se de uma falácia.

A POSIÇÃO SENTADA

O esforço postural (estático) e as solicitações sobre as articulações são mais limitados na postura sentada que na em pé. A postura sentada permite melhor controle dos movimentos pelo que o esforço de equilíbrio é reduzido. É, sem sombra de dúvida, a melhor postura para trabalhos que exijam precisão.

Em determinadas atividades ocupacionais (escritórios, trabalho com computadores, administrativo etc.), a tendência é de se permanecer sentado por longos períodos.

Grande número de pessoas considera que as dores da região dorsal são agravadas pela manutenção da postura sentada. De maneira geral, os problemas lombares advindos da postura sentada são justificados pelo fato de a compressão dos discos intervertebrais ser maior na posição sentada que na posição em pé. No entanto, tais problemas não são apenas decorrentes das cargas que atuam sobre a coluna vertebral, mas, principalmente, da manutenção da postura estática. A imobilidade postural constitui um fator desfavorável para a nutrição do disco intervertebral, que é dependente do movimento e da variação da postura. A incidência de dores lombares é menor quando a posição sentada é alternada com a em pé, e menor ainda quando se podem movimentar os demais segmentos corporais como em pequenos deslocamentos.

A postura de trabalho sentado, se bem concebida (com apoios e inclinações adequados), pode apresentar até pressões intradiscais inferiores à posição em pé imóvel, desde que o esforço postural estático e as solicitações articulares sejam reduzidos ao mínimo. Trabalhar sentado permite maior controle dos movimentos porque o esforço para manter o equilíbrio postural é reduzido.

As vantagens da posição sentada são:

- baixa solicitação da musculatura dos membros inferiores, reduzindo, assim, a sensação de desconforto e cansaço;
- possibilidade de evitar posições forçadas do corpo;
- menor consumo de energia;
- facilitação da circulação sanguínea pelos membros inferiores.

As desvantagens são:

- pequena atividade física geral (sedentarismo);
- adoção de posturas desfavoráveis: lordose ou cifoses excessivas;
- estase sanguínea nos membros inferiores, situação agravada quando há compressão da face posterior das coxas ou da panturrilha contra a cadeira, se esta estiver mal posicionada.

Uma vez adaptado o posto para o trabalho sentado, é preciso observar certos critérios na escolha do assento.

A SELEÇÃO DO ASSENTO

O assento deve ser adequado à natureza da tarefa e às dimensões antropométricas da população. Não existe uma cadeira que seja "ergonômica" independentemente da função exercida pelo trabalhador. Basta lembrar que uma cadeira confortável para assistir à televisão não é adequada para uma secretária, que deve se movimentar entre a mesa, um arquivo e um aparelho de telefax. O contrário também é verdadeiro.

A altura do assento deve ser definida de forma que os pés estejam bem apoiados. A partir daí, ajusta-se a altura do assento em função da superfície de trabalho. A regulagem do assento deve permitir que ele fique entre 37 a 47 cm do solo, acomodando bem a maioria da população. Quando a altura do plano de trabalho for fixa deve-se disponibilizar suporte para os pés para os que têm estatura menor. O suporte não deve ser uma barra fixa, mas sim uma superfície inclinada que apoie uma grande parte da região plantar.

A profundidade do assento não pode ser muito reduzida nem muito grande. Deve ser de um tamanho tal que o maior percentil mantenha seu centro de gravidade sobre o assento. O maior percentil precisa, então, ter profundidade de assento, no mínimo, igual à profundidade do tórax mais 2,5 cm para evitar uma base que não lhe dê firmeza. No entanto, o assento não pode ser muito profundo para que o menor percentil tenha mobilidade na área popliteal.

A conformação do assento deve também permitir alterações de postura, aliviando, assim, as pressões sobre os discos intervertebrais e as tensões sobre os músculos dorsais de sustentação. Portanto, assentos "anatômicos", em que as nádegas se encaixam neles, não são recomendados, pois permitem poucos movimentos.

A densidade do assento também é importante para suportar as tuberosidades isquiáticas. É preferível assento com inclinação para trás em torno de 5° graus com relação à horizontal. Isso impede que a pessoa escorregue para frente, o que pode acontecer em assentos paralelos ao solo.

É importante que o encosto forneça um bom suporte lombar.

Concluindo, qualquer postura desde que mantida prolongadamente é mal tolerada. A alternância de posturas deve ser sempre privilegiada, pois permite que os músculos recebam seus nutrientes e não fiquem fatigados.

A alternância postural deve sempre ficar à livre escolha do trabalhador. Ele é quem vai saber, diante da exigência momentânea da tarefa, se é melhor a posição sentada ou em pé. Uma tarefa não tem exigências fixas. Por isso, nunca se pode afirmar de antemão qual é a melhor postura baseando-se apenas em critérios biomecânicos. Por exemplo, um caixa de supermercado prefere ficar sentado quando manipula mercadorias leves, quando faz um troco ou quando confere cheques. Mas prefere se levantar quando lida com mercadoria pesada ou frágil, assim como, quando percebe um cliente potencialmente agressivo. Permanecendo em pé, os olhos de ambos situam-se na mesma altura, diminuindo a sensação subjetiva de inferioridade. Logo, não são os fisiologistas que têm a palavra final sobre o conforto.

A postura de trabalho adotada é função da atividade desenvolvida, da exigência da tarefa (visuais, emprego de forças, precisão dos movimentos etc.), dos espaços de trabalho, da ligação do trabalhador com máquinas e equipamentos de trabalho como, por exemplo, o acionamento de comandos.

A concepção dos postos de trabalho deve propiciar e facilitar a alternância de posturas. Para tanto, deve levar em consideração a natureza da tarefa e as atividades desenvolvidas para realizá-la.

Um posto de trabalho, mesmo quando bem projetado do ponto de vista antropométrico, pode se revelar desconfortável se os fatores organizacionais, ambientais e sociais não forem levados em conta.

O conforto do trabalho sentado é também função do tempo de manutenção da postura, da altura do plano de trabalho e da cadeira, das características da cadeira, da adaptação às exigências visuais, dos espaços para pernas e pés.

O tempo de manutenção de uma mesma postura deve ser o mais breve possível: devendo ser considerado para tanto o tempo unitário de manutenção (sem possibilidade de modificações) e o tempo total de manutenção diária. A necessidade de variar a postura e de evitar a manutenção prolongada da mesma é justificada, porque os músculos usados para manter a postura sentada e a postura em pé não são os mesmos e porque a imobilidade postural prejudica a nutrição dos discos intervertebrais, favorecendo a degeneração dos mesmos.

As exigências visuais: a localização das fontes de informações visuais vai determinar o posicionamento da cabeça que pode, por sua vez, influenciar a postura do tronco, levando o trabalhador a adotar posturas inadequadas prolongadas ou repetitivas da nuca em flexão ou extensão extremas ou de inclinação/torção do tronco.

A altura do plano de trabalho é um elemento importante para o conforto postural. Se o plano de trabalho é muito alto, o trabalhador deverá elevar os ombros e os braços durante toda a jornada. Se for muito baixo, ele trabalhará com as costas inclinadas para frente. Essa observação é válida tanto para trabalho sentado como para em pé. O ponto de referência utilizado para determinar a altura confortável de trabalho é a altura dos cotovelos em relação ao piso, mas a natureza da tarefa deve também ser levada em conta.

> ***17.3.2. Para trabalho manual sentado ou que tenha de ser feito de pé, as bancadas, mesas, escrivaninhas e os painéis devem proporcionar ao trabalhador condições de boa postura, visualização e operação e devem atender aos seguintes requisitos mínimos:***
>
> ***a) ter altura e características da superfície de trabalho compatíveis com o tipo de atividade, com a distância requerida dos olhos ao campo de trabalho e com a altura do assento;***
>
> ***b) ter área de trabalho de fácil alcance e visualização pelo trabalhador;***
>
> ***c) ter características dimensionais que possibilitem posicionamento e movimentação adequados dos segmentos corporais.***

Este subitem com suas alíneas permitem que o auditor-fiscal do trabalho possa exigir qualquer tipo de mobiliário já que ele deve atender aos requisitos de conforto que contemple tanto à boa postura quanto às exigências da tarefa, aí incluídas uma boa visualização e a movimentação adequada dos vários segmentos corporais, ou seja, acionamento de comandos ou qualquer outra atividade física. Não resta dúvida de que há dificuldade para se projetar um mobiliário que atenda a todos esses requisitos, mas não é por falta de embasamento legal que se vai deixar de fazê-lo. A consulta a manuais especializados em mobiliário ou a consultoria a uma ergonomista podem ser de grande valia.

O mesmo pode-se dizer dos subitens 17.3.2.1, 17.3.3, 17.3.4, 17.3.5, 17.4, 17.5 e 17.6: os equipamentos, as condições ambientais e a organização do trabalho também devem ser adaptados às características psicofisiológicas dos trabalhadores e à natureza do trabalho (leia-se, às exigências da tarefa), levando em conta também à sensação de conforto, isto é, os trabalhadores têm de ser consultados e deverão aprovar os equipamentos, as condições ambientais e a organização do trabalho, pois só eles podem atestar seu conforto ou não.

17.4. Todos os equipamentos que compõem um posto de trabalho devem ser adequados às características psicofisiológicas dos trabalhadores e à natureza do trabalho a ser executado.

Os seres humanos sempre procuraram adaptar suas ferramentas às suas necessidades, diminuindo o esforço. Nas situações industriais modernas, com a rígida divisão entre planejamento e execução, o trabalhador quase não tem oportunidade de influir nas decisões de compra de equipamentos. Fatores como o preço tem mais peso na decisão da compra que a qualidade. Isso leva a inadaptações e ao aumento da carga de trabalho. Uma má escolha pode penalizar os trabalhadores durante anos já que não se pode simplesmente jogar os equipamentos no lixo, prejudicando o desempenho eficiente da atividade. Alguns conseguem modificar suas ferramentas adaptando-as às tarefas. Mas essa capacidade é limitada e, às vezes, até perigosa.

Levar em conta a opinião dos trabalhadores antes da compra tem mostrado um bom resultado em nossa prática de trabalho. Algumas empresas colocam opções para teste e decidem por aqueles que tiveram melhor aceitação.

Pode-se notar que, quando o usuário tem influência na escolha, os fabricantes dos equipamentos investem mais em pesquisas para aperfeiçoá-los. Citamos, como exemplo, as cadeiras de odontólogos e os veículos automotores.

"Adequados à natureza do trabalho" significa que os equipamentos devem facilitar a execução da tarefa específica. O martelo é o equipamento mais adequado à natureza do trabalho de pregar. Uma cadeira pode ser confortável para assistir a televisão, mas ser bastante inconveniente a uma secretária que deve ter acesso alternadamente ao arquivo, ao microcomputador e ao telefone para realizar sua tarefa. Logo, a cadeira deve ser adequada à natureza do trabalho da secretária: ter rodízios, encosto, ser estofada, permitir regulagens, ter apoio para os braços etc. Não há uma cadeira "ergonômica" para todo e qualquer tipo de tarefa.

A mesma observação do subitem anterior se aplica a este subitem. Ele permite qualquer mudança nos equipamentos desde que a solicitação seja fundamentada pela observação da natureza do trabalho (exigências da tarefa) e das características dos trabalhadores. Por exemplo, se um painel de controle é colocado em posição excessivamente alta para a altura do trabalhador, pode-se exigir que o painel seja colocado na altura dos olhos, facilitando a leitura dos dados. Um comando que exija excessiva abdução do membro superior e elevação do ombro pode ser mudado de modo a permitir ao membro superior que volte à posição neutra entre um acionamento e outro.

17.5. Condições ambientais de trabalho.

Apesar da redundância, insistimos que não se trata de caracterizar insalubridade. Para tal, foi elaborada a Norma Regulamentadora nº 15.

17.5.1. As condições ambientais de trabalho devem estar adequadas às características psicofisiológicas dos trabalhadores e à natureza do trabalho a ser executado.

Toda atividade de trabalho está inserida numa dada área, num dado espaço. O ambiente físico do trabalho pode favorecer ou dificultar a execução do mesmo. Seus componentes podem ser fonte de insatisfação, desconforto, sofrimento e doenças ou proporcionar a sensação de conforto (Mascia & Sznelwar, 1996).

A abordagem ambiental sob a ótica da ergonomia é centrada no ser humano e abrange tanto o critério de saúde quanto os critérios de conforto e de desempenho. As avaliações ambientais, quando necessárias, não dissociam o trabalhador do ambiente.

As vantagens principais dessa estratégia são as seguintes:

- reconhecimento explícito do saber do trabalhador;
- intervenção progressiva de especialistas e peritos, realização de medições, quando necessárias;
- definição de uma sistemática de colaboração entre as pessoas diretamente envolvidas no trabalho, trabalhadores e empregadores, e os profissionais de segurança e saúde ocupacional, visando essencialmente à prevenção.

Assim, a ergonomia centrada na análise da atividade contribui para a renovação dos enfoques em segurança do trabalho (Guérin *et alii*, 1997). Isso leva a concluir que as medições serão mais representativas da exposição do trabalhador, partindo-se da atividade real, ou seja, fazendo-se uma analogia entre o trabalho prescrito[3] e o trabalho real,[4] o viés entre a exposição estimada e a exposição real será menor.

O conhecimento da situação e das atividades de trabalho é um pressuposto que antecede as medições e que irá permitir escolher os locais, os momentos e as técnicas de avaliação. Considerar o ambiente estável, efetuar medições em locais onde, por exemplo, o ruído parece mais elevado, mas onde os trabalhadores não permanecem, não tem relevância alguma. A compreensão de como o trabalho é executado também permite que as interpretações dos resultados sejam mais representativas da exposição real dos trabalhadores (Guérin et al., 1997).

17.5.2. Nos locais de trabalho onde são executadas atividades que exijam solicitação intelectual e atenção constantes, tais como: sala de controle, laboratórios, escritórios, salas de desenvolvimento ou análise de projetos, dentre outros, são recomendadas as seguintes condições de conforto:

a) níveis de ruído de acordo com o estabelecido na NBR 10.152, norma brasileira registrada no INMETRO;

Os níveis de ruído devem ser entendidos aqui não como aqueles passíveis de provocar lesões no aparelho auditivo, tal como a perda auditiva, mas como a perturbação passível de prejuízo ao bom desempenho da tarefa.

O ruído nos ambientes de trabalho onde são executadas atividades que requeiram atenção e solicitação intelectual constantes provém, principalmente, do esforço vocal das pessoas necessário à execução de suas tarefas. Em alguns casos, há também o emprego de alguns equipamentos ruidosos (como, por exemplo, a utilização de impressoras, principalmente as matriciais). Já, em outros casos, nos grandes centros como São Paulo, o ruído externo (devido à proximidade das avenidas, aeroportos etc.) interfere no interior do local de trabalho. Isso ocorre frequentemente quando a edificação não possui tratamento acústico adequado ou não há barreiras de atenuação.

---

3. Trabalho prescrito: "Maneira como o trabalho deve ser executado: o modo de utilizar as ferramentas e as máquinas, o tempo concedido para cada operação, os modos operatórios e as regras a respeitar"; nunca corresponde exatamente ao trabalho real (Daniellou *et alii*, 1989).

4. Trabalho real: É o efetivamente executado pelo trabalhador.

A abordagem para verificar as condições de conforto acústico no ambiente de trabalho pelo profissional de segurança e saúde ocupacional inicia-se por uma fase exploratória. Essa fase exploratória compreende a observação da situação de trabalho complementada por entrevistas aos trabalhadores, o levantamento das fontes de ruído e das características do local de trabalho. A fase exploratória visa conhecer e compreender a situação de trabalho.

A seguir, para que seja feita a análise da situação, faz-se necessário conhecer a ordem de grandeza dos níveis sonoros e a estratégia de medição para verificar-se a conformidade ou não com a legislação sobre conforto acústico.

A ação dos profissionais de segurança e saúde ocupacional deve privilegiar a busca conjunta de soluções para reduzir a exposição do trabalhador por meio da reorganização do trabalho, da possibilidade de redução na fonte ou de seu afastamento ou do tratamento acústico do local.

Os critérios de medição da exposição ao ruído devem ser bem detalhados. A estratégia de medição é composta basicamente de quatro passos:

- caracterização do ambiente de trabalho e das atividades dos trabalhadores;
- avaliação qualitativa da exposição;
- realização de medições detalhadas, onde necessário;
- avaliação quantitativa dos resultados e estimativa do nível de exposição pessoal diário.

O técnico, antes das medições, deve definir o período de amostragem. Alguns trabalhos (Lancaster, 1986 e Olsen & Jensen, 1994) discutiram e questionaram a prática tradicional de adotar o período de uma jornada de trabalho e propuseram períodos alternativos que serão abordados a seguir.

Como a precisão do nível de exposição diária é função da raiz quadrada da duração da medição, Malchaire & Piette (1997) demonstraram ser mais adequado tomar períodos de amostragem curtos e realizar um maior número de observações.

A seguir, são descritos alguns procedimentos que contribuem para que as medições sejam representativas da exposição do trabalhador ao ruído.

Deve-se optar por períodos de amostragem curtos, porém com maior número de observações, em dias tomados ao acaso, com duração de 30 minutos cada, em que a exposição de diversos profissionais da mesma função, setor, andar etc. seja monitorada. O Método Sistêmico de Monitoramento – MSM, proposto por Moure (2000), adota o intervalo de 60 minutos como tempo mínimo de amostragem. Esse é o limite superior do intervalo de tempo segundo Malchaire & Piette (1997) que propõem que cada medição tenha a duração de 30 a 60 minutos. Esse tempo resulta de um compromisso entre a precisão requerida e a viabilidade prática.

Preferencialmente, o nível de ruído deve ser medido em situação real de trabalho, empregando-se um dosímetro, devidamente calibrado (fonte calibradora). Para o ajuste do aparelho, recomenda-se os seguintes parâmetros: q = 3; circuito de ponderação A; circuito de resposta lenta, critério de referência 65 dB(A). O microfone, preferecialmente, deve ser colocado na gola da camisa do trabalhador, pois diversos estudos mostraram que, dessa forma, os erros de medição relativos à perturbação do campo de ondas que o equipamento irá medir são irrelevantes.

Quando o limite preconizado for ultrapassado, nem sempre as soluções são evidentes. Nesses casos, é preciso solicitar um estudo mais aprofundado visando sua eliminação ou atenuação. É importante realçar que as mudanças no arranjo físico podem atenuar ou ampliar o ruído gerado.

É desejável que haja redução do ruído ao nível mais baixo possível que pode ser obtida pela tomada de medidas técnicas na fonte. Por exemplo, substituição de impressoras matriciais por impressoras a jato tinta ou a laser. Ou agindo sobre o meio ambiente: colocação de divisórias acústicas ou tratamento acústico em paredes, janelas, tetos e pisos. Pode-se também reorganizar o trabalho: diminuição da concentração de pessoas por área num setor de teleatendimento.

As demais condições de conforto a que faz alusão o subitem 17.5.2 são:

b) índice de temperatura efetiva entre 20 e 23°C;

c) velocidade do ar não-superior a 0, 75 m/s;

d) umidade relativa do ar não-inferior a 40%.

A climatização dos locais de trabalho onde há solicitação intelectual e atenção constante, frequentemente é obtida pelo sistema de ar-

-condicionado. Na grande maioria das situações de trabalho, não há o emprego de fontes de calor radiante para a execução das tarefas.

A abordagem para verificar as condições de conforto térmico inicia-se por uma fase exploratória. Essa fase compreende a observação da situação de trabalho complementada por entrevistas com os trabalhadores a respeito do conforto térmico.

A seguir, faz-se necessário conhecer os seguintes parâmetros: temperatura efetiva, velocidade do ar e umidade relativa e a estratégia de medição para se verificar a conformidade ou não com a legislação sobre conforto térmico. É indispensável, conhecer a carga de trabalho e o tipo de vestimenta utilizado.

A ação dos profissionais de segurança e saúde ocupacional deve privilegiar a busca conjunta de soluções para reduzir a exposição do trabalhador, aumentar o grau de satisfação por meio da reorganização do trabalho ou de medidas técnicas.

Os critérios de medição do conforto térmico devem levar em conta a atividade real e a medição deve ser realizada na altura do tórax do trabalhador. São utilizados o termo-higrômetro e o termo anemômetro, mas há instrumentos que permitem a leitura de todos os parâmetros.

Vale ressaltar que a temperatura não é a temperatura do ar. A temperatura efetiva é um índice desenvolvido por Yaglou (1927) com o intuito de apreciar o conforto térmico. É definida como a temperatura ambiente com ar calmo, saturado em vapor d'água que produz a mesma sensação térmica do ambiente estudado. A determinação da temperatura efetiva é obtida por meio da introdução em ábaco específico dos seguintes parâmetros: temperatura do ar, temperatura de bulbo úmido e velocidade do ar.

Os casos mais problemáticos evidenciam ineficiência do sistema de ventilação. Outro indício é a diminuição da umidade relativa a valores inferiores ao recomendado pela NR-17 no período da tarde, geralmente com temperaturas externas superiores.

Velocidade do ar superior ao preconizado pode evidenciar a existência de postos em que as saídas de ar situam-se sobre a cabeça e tronco dos funcionários. Nessas saídas, não raro pode ser observado acúmulo de poeira.

A título de curiosidade, conhecendo-se esses parâmetros do ambiente, o tipo de vestimenta, sexo do trabalhador e a carga de trabalho é possível calcular os índices *Predicted MeanVote* – PMV e *Predicted Percentage of Dissatisfied* – PPD de acordo com a norma ISO 7730-

74. Essa norma recomenda para as condições de conforto PMV entre -0,5 e +0,5 e PPD inferior a 10% de insatisfação.

Para ajustar as condições térmicas às características dos trabalhadores e à natureza do trabalho, faz-se necessária à revisão do sistema de ar-condicionado, compreendendo a manutenção, limpeza e eficiência. A resolução RE nº 176, de 24 de junho de 2000, da Agência Nacional de Vigilância Sanitária – ANVISA dispõe sobre os padrões referenciais de qualidade do ar no interior de ambientes de uso público e coletivo climatizados artificialmente para evitar a "Síndrome do Edifício Enfermo".

17.5.2.1. Para as atividades que possuam as características definidas no subitem 17.5.2, mas não apresentam equivalência ou correlação com aquelas relacionadas na NBR 10152, o nível de ruído aceitável para efeito de conforto será de até 65 dB(A) e a curva de avaliação de ruído (NC) de valor não superior a 60 dB.

17.5.2.2. Os parâmetros previstos no subitem 17.5.2 devem ser medidos nos postos de trabalho, sendo os níveis de ruído determinados próximos à zona auditiva e às demais variáveis na altura do tórax do trabalhador.

17.5.3. Em todos os locais de trabalho, deve haver iluminação adequada, natural ou artificial, geral ou suplementar, apropriada à natureza da atividade.

17.5.3.1. A iluminação geral deve ser uniformemente distribuída e difusa.

17.5.3.2. A iluminação geral ou suplementar deve ser projetada e instalada de forma a evitar ofuscamento, reflexos incômodos, sombras e contrastes excessivos.

17.5.3.3. Os níveis mínimos de iluminamento a serem observados nos locais de trabalho são os valores de iluminâncias estabelecidas na NBR 5413, norma brasileira registrada no INMETRO.

17.5.3.4. A medição dos níveis de iluminamento previstos no subitem 17.5.3.3. deve ser feita no campo de trabalho onde se realiza a tarefa visual, utilizando-se de luxímetro com fotocélula corrigida para a sensibilidade do olho humano e em função do ângulo de incidência.

17.5.3.5. Quando não puder ser definido o campo de trabalho previsto no subitem 17.5.3.4, este será um plano horizontal a 0,75m do piso.

Na grande maioria dos ambientes de trabalho, há iluminação natural e artificial. A iluminação natural advém de janelas dispostas nas faces longitudinais e/ou transversais da edificação. A iluminação artificial é obtida, geralmente, por meio de lâmpadas fluorescentes acopladas em luminárias embutidas no forro do teto com aletas metálicas de superfície opaca ou brilhante, dispostas em fileiras paralelas a um dos eixos da edificação.

A abordagem para verificar as condições de iluminamento inicia-se por uma fase exploratória. Essa fase compreende a observação da situação de trabalho complementada por entrevistas com os trabalhadores, pelo levantamento das características da iluminação, das superfícies de trabalho, das paredes e do teto e do uso de computadores pessoais. A seguir, é necessário conhecer os níveis de iluminamento e a estratégia de sua medição.

Deve-se privilegiar a busca conjunta de soluções para garantir ao trabalhador os níveis de iluminamento condizentes ao desempenho de suas tarefas.

Os critérios de medição dos níveis de iluminamento estão explicitados no item 17.5.3. e seus subitens.

Em diversos postos de trabalho, as janelas ficam dentro do campo visual e há grandes diferenças de iluminância. Em vários outros, há reflexos das janelas na superfície da tela e o trabalhador pode adotar posturas fatigantes tentando evitar o ofuscamento.

Um aspecto de fácil correção, mas que evidencia falhas de manutenção é a presença de cintilamento e de lâmpadas queimadas.

A disposição dos terminais, tanto em relação às janelas quanto em relação às fileiras de luminárias, é determinante na obtenção de um compromisso que satisfaça os requisitos da NR-17. Na grande maioria dos postos de trabalho, podem ser notados reflexos nas telas dos terminais. A iluminação é inadequada quando há contrastes excessivos, sobretudo entre o monitor e o fundo e reflexos nas telas dos terminais.

Recomenda-se que haja diferenças de iluminância equilibradas e ausência de superfícies luminosas na zona de reflexão da tela do terminal de vídeo. Medidas que podem contribuir para isso são: a substituição ou tratamento das superfícies brilhantes das luminárias e suas aletas por superfície clara e fosca; inclinação do monitor para baixo de 88 a 105º em relação ao plano horizontal, colocação de divisórias móveis, solução que poderá contribuir para não somente eliminar a reflexão eventual na tela como também para reduzir níveis de iluminamento elevados no campo visual. Nos casos mais complexos, é necessária a solicitação de revisão e reavaliação do projeto de iluminação para atender aos requisitos da NR-17.

A NR-17 remete à Norma Brasileira (NBR 5413), que trata apenas das iluminâncias recomendadas nos ambientes de trabalho. O iluminamento adequado não depende só da quantidade de *lux* que incide no plano de trabalho. Depende também da refletância dos materiais, das dimensões do detalhe a ser observado ou detectado, do contraste com o fundo etc. Ater-se apenas aos valores preconizados nas tabelas sem levar em conta as exigências da tarefa pode levar a projetos de iluminamento totalmente ineficazes. A situação mais desejada seria aquela em que, além do iluminamento geral, o trabalhador dispusesse de fontes luminosas individuais nas quais pudesse regular a intensidade. Uma costureira, por exemplo, pode necessitar de maior iluminamento quando trabalha sobre um tecido escuro e um menor e menos ofuscante se o tecido for claro. Um ambiente com terminais de vídeo excessivamente iluminado pode provocar ofuscamentos desnecessários.

17.6. Organização do trabalho

17.6.1. A organização do trabalho deve ser adequada às características psicofisiológicas dos trabalhadores e à natureza do trabalho a ser executado.

Gostaríamos de iniciar com uma definição de dicionário que deixa bem claro a impossibilidade de se conseguir uma organização eficiente se ela for imposta de forma violenta e arbitrária desdenhando da cooperação dos trabalhadores:

> Organizar, no sentido comum, é colocar uma certa ordem num conjunto de recursos diversos para fazer deles um instrumento ou uma ferramenta a serviço de uma vontade que busca a realização de um projeto (ou, numa linguagem ergonômica, os objetivos da tarefa). Em toda organização aparecem conjuntamente os problemas de cooperação e hierarquia.
>
> Mas, qualquer que seja a forma que a hierarquia assuma, e qualquer que seja o meio pelo qual a cooperação se realize, elas

> não são puramente violentas e arbitrárias. A organização, seus objetivos, seus procedimentos, concernem, segundo modalidades próprias, às diferentes categorias de atores que dela participam. Ou, para dizer a mesma coisa em outros termos, uma das condições de sobrevivência, bem como da eficácia da organização, é sua capacidade de motivar seus participantes (Boudon & Bourricaud, 1993: 408).

A organização do trabalho pode ser caracterizada pelas modalidades de repartir as funções entre os operadores e as máquinas: é o problema da divisão do trabalho (Leplat & Cuny, 1977: 60). Ela define quem faz o quê, como e em quanto tempo. É a divisão dos homens e das tarefas.

Tentou-se organizar o trabalho cientificamente. A "Organização Científica do Trabalho", proposta por Taylor, dividiu rigidamente a concepção do trabalho da sua execução. Alguns poucos concebem e planejam e outros executam. Projetam-se tarefas fragmentadas sem levar em conta que os homens preferem iniciar e finalizar a fabricação de um produto, entender o que estão fazendo, criar novos processos mais eficientes, ferramentas mais adequadas etc.

Em outras palavras, a organização científica do trabalho impondo uma hierarquia rígida não conseguiu a necessária cooperação dos trabalhadores. Com a introdução das linhas de montagem, tentou-se assegurar a produção impondo o tempo de execução, mas não se conseguiu a motivação dos trabalhadores como sublinhado acima. Brevemente tornou-se necessária a introdução de prêmios de produtividade em tarefas fragmentadas. Um recurso eficiente a curto prazo, mas de efeitos danosos ao longo do tempo.

O taylorismo, prescrevendo tarefas a serem executadas em tempos rígidos e invariáveis para todos, pressupõe uma estabilidade dos homens, das máquinas e das matérias-primas. Estabilidade que não existe no mundo real. As avaliações para o estabelecimento dos tempos e movimentos (como se deve executar a tarefa e em quanto tempo, também denominada cronoanálise) são realizadas em trabalhadores cujas capacidades não são representativas das reais capacidades da população trabalhadora em geral.

Por exemplo, essas avaliações são feitas durante um intervalo de tempo muito curto e em trabalhadores com um ótimo grau de aprendizado. Isso por si só já induz ao estabelecimento de altas cotas de produção. Cotas difíceis de serem atingidas, já que o organismo humano sofre flutuações ao longo do tempo: ao longo do dia, da semana e mesmo ao longo de toda a vida laboral. Não somos os mesmos pela manhã e à noite ou aos 20 e aos 60 anos. Uma mesma cadência pode não ser tolerada igualmente durante toda a jornada de trabalho. Além da variação fisiológica circadiana, há de se levar em conta a fadiga acumulada que pode tornar penoso, no fim da jornada, uma cadência suportável no seu início.

Durante a cronoanálise, os trabalhadores, sabendo-se em observação, esforçam-se para atingir o máximo de rendimento de que são capazes. Rendimento que seria impossível de ser mantido ao longo da jornada, da semana, com o passar dos anos.

Quando a cadência de trabalho é estabelecida, tomando-se como base uma população muito jovem, se torna insuportável à medida que se envelhece, razão pela qual certos locais de trabalho são povoados apenas por jovens. Os que vão permanecendo podem adoecer e, aos poucos, vão sendo excluídos, sendo demitidos ou pedindo demissão quando a carga de trabalho torna-se insuportável.

Essa dificuldade de suportar as cadências impostas no setor industrial foi comprovada por pesquisas da Fundação SEADE, na qual se relata que o idoso não é inativo por indolência, pois onde há oferta de emprego, como na agricultura, a taxa de atividade aumenta. No meio rural paulista, as taxas de atividade são mais elevadas, com a absorção de 17% das pessoas de 60 anos e mais ocupadas do Estado, embora, na PEA, representem apenas 10% do total. 73% dos homens na área rural, entre 60-69 anos, mantêm-se ocupados contra apenas 46, 1% na área urbana. Na faixa de 70 anos ou mais, as taxas são de 32, 8% e 14, 5%, respectivamente. (Camargo & Yazaki, 1990: 67).

Essa migração tende para ocupações mais compatíveis com suas possibilidades, no caso da agricultura em que, apesar do grande esforço físico, as exigências de rapidez são menores: "... em 1980, vê-se que aumenta a ocupação nas atividades do setor primário conforme cresce a idade: entre os homens maiores de 70 anos do interior, mais de 50% estavam ocupados na agricultura. Comportamento diverso ocorria com as pessoas empregadas em atividades industriais, pois, da população masculina com 60 a 64 anos da Grande São Paulo, representavam 37%, diminuindo para 26% após os 70 anos, como que os serviços e o comércio ganhavam maior representatividade (indício de que, com a idade, fica mais difícil manter-se em ocupações formais)." (Camargo & Yazaki, 1990: 69). O que a pesquisa quer dizer é que os trabalhadores da indústria não conseguem nela permanecer devido às fortes pressões temporais (tempo muito curto para a realizar a tarefa e regular os incidentes) mais que às exigências de força física. Na agricultura, como são menores as exigências de tempo, os mais idosos conseguem permanecer na ativa mesmo tendo atividade física geral bem mais intensa que na indústria.

O ser humano para executar um trabalho pode proceder de maneiras diferentes dependendo do tempo de que dispõe, dos instrumentos de que se utiliza, das condições ambientais, de sua experiência prévia e do modo como é remunerado, dentre outras variáveis.

Por outro lado, vários homens para produzirem a mesma peça podem proceder de maneiras diferentes, mesmo se mantidos os mesmos instrumentos e o mesmo ambiente de trabalho, devido às diferenças interindividuais.

Tradicionalmente, a organização do trabalho dita "científica" tenta não levar em consideração essas variações interindividuais, mas todos sabemos que um trabalhador mais idoso e experiente executa suas atividades de modo diferente daquele de um jovem relativamente inexperiente.

Além disso, o estado dos instrumentos de trabalho varia ao longo do tempo (uma serra circular torna-se menos afiada, por exemplo), modificando também o modo operatório e influindo na carga de trabalho.

A análise da organização, portanto, é algo complexo, não sendo possível fixar, de antemão, um roteiro aplicável a todas as situações. O método de análise assim como o objeto a ser analisado vão sendo estabelecidos paulatinamente, envolvendo os trabalhadores e dependem, e muito, da demanda que motivou a análise.

O relatório final da análise ergonômica não necessariamente deve ficar restrito aos tópicos mencionados na NR-17. Eles servem de orientação que deve permear toda a análise. Dependendo da situação, prioriza-se alguns em particular. Mas o conhecimento de todos é importante para se avaliar a carga de trabalho, já que esta carga vai variar em função da organização do trabalho. A carga não é a mesma se exige-se que o trabalhador fabrique uma peça por minuto obrigatoriamente (como numa linha de montagem) ou se ele pode fabricar 480 peças ao longo de 8 horas da jornada (ritmo não imposto pela máquina ou esteira), tendo nesse caso a possibilidade para acelerar ou desacelerar a cadência, além de poder adequá-la ao seu próprio ritmo biológico. O ritmo livre é mais tolerado pelo trabalhador, pois permite contornar os incidentes sem diminuir a produção.

17.6.2. A organização do trabalho, para efeito desta NR, deve levar em consideração, no mínimo:

a) as normas de produção;

São todas as normas, escritas ou não, explícitas ou implícitas, que o trabalhador deve seguir para realizar a tarefa. Aqui se incluem desde o *horário de trabalho (se diurno,* se noturno, a duração e a frequência das pausas etc.) até a qualidade desejada do produto (um erro pode acarretar consequências graves), passando pela utilização obrigatória do mobiliário e dos equipamentos disponíveis. A descrição das normas de produção é muito importante para se entender as dificuldades do trabalhador, pois, quase sempre, a sua explicitação permite evidenciar as normas contraditórias da tarefa. Por exemplo, as exigências de produção podem ser contraditórias àquelas de qualidade ou segurança. Uma telefonista deve atender o cliente rapidamente e, ao mesmo tempo, deve ser cortês, polida, educada e nunca pode tomar a iniciativa de interromper a ligação. O atendimento a normas contraditórias está na base de muitas queixas de sofrimento do trabalhador, pois sempre que atende a uma delas tem de infringir a outra. Os profissionais de segurança das empresas têm larga experiência em constatar quantas vezes o trabalhador deixa de cumprir normas de segurança para conseguir atingir metas de produção. Ou seja, prioriza-se a produção em detrimento da segurança. O pior é que, se tudo vai bem, todos acham que a transgressão é normal e desejável. Quando ocorre o acidente, o serviço de segurança não hesita em rotular a causa do acidente como o famigerado "ato inseguro" pois o trabalhador conscientemente deixou de cumprir as regras de segurança. O problema é que não se pergunta por que ele fez a transgressão.

Não queremos com isso dizer que o trabalho não deve ter normas, mas sim que estas normas têm de ser coerentes entre si. Aliás, a falta de normas também é ansiogênica para o trabalhador que tem de criar os modos de atingir os objetivos da tarefa. Os modernos sistemas de gestão "por objetivos" se limitam a fixar as metas de produção e deixam o trabalhador se desdobrar para atingi-las. Para um bancário, por exemplo, é fixado um número de seguros a vender e ele, dentre várias outras tarefas, é o responsável para desenvolver as estratégias para conquistar o cliente. Igualmente, as redes de lanchonetes estabelecem as cotas de vendas dos diversos sanduíches. O atendente tem de fazer um grande esforço para convencer o cliente a consumir um produto que está prestes a perder a validade. Caso o produto tenha de ser descartado por já não atender ao padrão de qualidade, é contado ponto negativo no desempenho. Convenhamos, deve-se fazer um esforço hercúleo para atingir uma meta cuja realização não depende apenas de si próprio. O atendente precisa convencer o cliente a mudar sua escolha inicial e pedir o produto que é preciso vender.

b) o modo operatório;

Seria melhor dizer os modos operatórios, pois como foi explicado acima nunca se adota apenas um modo operatório. Eles variam de acordo com as modificações da matéria-prima, do estado dos equipamentos e das próprias condições psicofisiológicas dos trabalhadores.

O modo operatório designa as atividades ou operações que devem ser executadas para se atingir o resultado final desejado, o objetivo da tarefa.

Ele pode ser prescrito (ditado pela empresa) ou real (o modo particular adotado pelo trabalhador para fazer face à variabilidade acima mencionada).

Uma análise ergonômica coloca em evidência os vários modos operatórios possíveis (prescritos e reais). Uma organização do trabalho mais flexível é aquela que permite que os trabalhadores desenvolvam os modos operatórios mais adequados seja ao seu estado interno ou às peculiaridades da matéria-prima ou das ferramentas. Só assim é possível que os trabalhadores integrem a variabilidade e atinjam os objetivos da tarefa. Aumentar os graus de liberdade significa permitir que haja vários modos operatórios possíveis e que possam ser adotados em situações diferentes (inclusive aquelas resultantes de variações do estado corporal). Por exemplo, ter a possibilidade de executar a tarefa em pé quando já se cansou de ficar sentado. Para isso é preciso também que o mobiliário seja concebido levando em conta os vários modos operatórios.

Atualmente, há uma grande demanda pela padronização dos procedimentos e a premissa básica é que só assim se atingirá a qualidade prevista: os certificados ISO. Não discordamos que deve haver certo grau de padronização para se atingir a qualidade. Discordamos apenas que esses padrões sejam estabelecidos sem levar em conta toda a variabilidade que se enfrenta no dia-a-dia. Seria um “engessamento” da produção em que dificilmente se conseguiria atingir as metas, seja de quantidade seja de qualidade. A produção é garantida graças às habilidades dos trabalhadores de contornar os diversos incidentes que insistem em aparecer a toda hora. Na prática, temos visto os trabalhadores guardarem zelosamente na gaveta os procedimentos prescritos e continuarem a improvisar para desempenhar bem a tarefa. Eles comentam que gostariam de obedecer ao procedimento prescrito, mas que, "na prática, as coisas não acontecem como previsto". Um exemplo do que pode acontecer caso todos resolvam obedecer cegamente a todas as regras é a "operação-padrão". É a maneira de se emperrar o funcionamento sem entrar em greve. Basta seguir todas as normas que tudo se torna moroso demais. É bem conhecida a operação-padrão dos controladores de voo. Quando eles obedecem a todas as normas de segurança, há um congestionamento gigantesco. Ou seja, na prática, os voos são controlados sem se levarem em conta "todas" as normas. A habilidade do controlador é, então, saber quais regras podem ser infringidas sem, contudo, provocar um acidente grave. O problema é que, quando ocorre o acidente, é fácil descobrir os "atos inseguros" do controlador, pois ele os pratica rotineiramente para conseguir dar vazão ao fluxo aéreo.

Concluindo, nem sempre se pode tudo prever. Mesmo as normas de qualidade podem não ser claras, assim como os meios de atingi-las, fato que leva o trabalhador a um estado constante de incerteza. Este estado pode ser agravado quando as exigências de qualidade se superpõem àquelas de quantidade.

c) a exigência de tempo;

Expressa o quanto deve ser produzido em um determinado tempo, sob imposição. Uma expressão equivalente seria "a pressão de tempo".

Toda atividade humana se desenvolve dentro de um quadro temporal: em um momento dado (horários), durante um certo tempo (duração da jornada), com uma certa rapidez, em uma certa frequência e com uma certa regularidade (velocidade, cadência, ritmo) (Daniellou *et alii*, 1989). A capacidade produtiva (rendimento) de um mesmo indivíduo pode variar ao longo do tempo (ao longo de um mesmo dia, semana, mês, ano e ao longo dos anos = variação intraindividual), assim como variar entre um indivíduo e outro (variação interindividual).

Limites fixados pela empresa podem superar a capacidade de um ou vários trabalhadores colocando em risco sua saúde como temos visto frequentemente no trabalho repetitivo ocasionando os distúrbios osteomusculares.

O "ideal" em qualquer situação é que não haja exigências estritas de tempo ou, se as houver, que elas levem em conta a variabilidade e os incidentes. O trabalhador não pode ser encarado como um ser indolente que se, deixado livre, irá sempre fazer pouco. Objetivos podem ser fixados, mas é imprescindível que haja margens de liberdade para que o trabalhador possa gerenciar seu tempo. É a única maneira de evitar que entre em esgotamento (físico) ou estresse emocional. Isso evidentemente está bem distante do observado na prática, e os trabalhadores têm desenvolvido lutas para que as exigências de tempo sejam mais flexíveis.

d) a determinação do conteúdo do tempo;

Esta alínea foi incluída para se dar conta de trabalhos envolvendo diferentes tarefas. A determinação do conteúdo do tempo permite evidenciar o quanto de tempo se gasta para realizar uma subtarefa ou cada uma das atividades necessárias à tarefa. Uma secretária, por exemplo, pode gastar grande parte do seu tempo atendendo a telefonemas e dando informações (tarefas que não são registradas como produção, que não deixam marcas, que são invisíveis mas que não podem deixar de serem executadas) e deixando de lado outras tarefas, como digitar um relatório. É certo que sofrerá reclamações pelo atraso na execução das tarefas principais.

Em análises ergonômicas, ela permite também reestruturar tarefas ou redesenhar o arranjo físico. Por exemplo, a evidência de que uma auxiliar de enfermagem gasta tempo demais para se deslocar do posto até a enfermaria permite ao arquiteto projetar uma unidade de cuidados cuja disposição dos leitos seja ao redor do posto. A análise da tarefa de fazer cópias xerográficas permitiu detectar que grande parte do tempo era gasta colocando e retirando a página e também para colocar em ordem as folhas quando se tiravam várias cópias de um documento com mais de uma página. Assim, os desenhistas projetaram máquinas que colocavam e retiravam as folhas automaticamente. Por outro lado, criou-se o dispositivo que permite organizar os volumes prontos do documento. A organização procura também determinar rigidamente o modo de emprego do tempo. A análise pode revelar quanto tempo se leva na execução de atividades não prescritas, mas importantes na realização da tarefa e que podem ser desconhecidas das próprias gerências. Tal é o caso dos numerosos incidentes que podem ocorrer durante uma jornada, e que requerem um certo tempo suplementar para serem resolvidos. Este tempo suplementar nunca é levado em conta quando se faz o cálculo dos tempos e movimentos.

e) o ritmo de trabalho;

Aqui devemos fazer uma distinção entre o ritmo e a cadência. A cadência tem um aspecto quantitativo, o ritmo qualitativo. A cadência refere-se à velocidade dos movimentos que se repetem em uma dada unidade de tempo. O ritmo é a maneira como as cadências são ajustadas ou arranjadas: pode ser livre (quando o indivíduo tem autonomia para determinar sua própria cadência) ou imposto (por uma máquina, pela esteira da linha de montagem e até por incentivos à produção) (Teiger, 1985).

O ritmo de trabalho pode ser imposto pela máquina (no caso de uma linha de montagem, com operações que devem, às vezes, ser executadas em menos de um minuto) ou ser gerenciado pelo trabalhador ao longo de um dia, embora mantendo uma cota de produção diária (como na linha de montagem com estoque-tampão). Ele pode também ser influenciado pelo modo de remuneração (salário baseado no número de toques sobre o teclado como na digitação ou por unidades produzidas), que é teoricamente um ritmo livre, mas que induz o trabalhador a uma autoaceleração que não mais respeita sua percepção de fadiga.

Há trabalhos que devem ser necessariamente executados em tempo previamente determinado (os cheques devem ser compensados até as 6h, por exemplo), o que por si só constitui uma pressão temporal com sobrecarga de trabalho em determinados horários.

A distinção entre ritmo e cadência é importante para avaliarmos a carga de trabalho. Tomemos, por exemplo, uma afirmação contida em relatório do tipo "o trabalhador realiza 1.200 levantamentos por dia do braço direito até a altura do ombro". Essa medida por si só não me permite fazer um julgamento sobre o que ela representa como carga para o trabalhador. Se ele executa esses movimentos ao realizar uma tarefa em que ele mesmo gerencia a sua cadência e, portanto, pode alterá-la ao longo do dia ou de um dia para o outro, provavelmente, ele tolerará melhor essa imposição. Se, no entanto, ele estiver operando uma máquina que exige que ele faça o movimento e, portanto, não lhe cabe variar a cadência, pode considerar sua carga com mais dificuldade. Acrescente-se a isso, se, a cada levantamento do braço, ele permanece com o braço levantado, por um longo tempo, suportando uma carga. A carga já é maior então. O mesmo vale para o caso em que essa cadência for imposta por uma fila de clientes. Logo, medidas quantitativas sem indicações do contexto em que elas ocorrem não contribuem para a avaliação da situação.

f) o conteúdo das tarefas.

O conteúdo das tarefas designa o modo como o trabalhador percebe as condições de seu trabalho: estimulante, socialmente importante, monótono ou aquém de suas capacidades. Pode ser estimulante se envolve uma certa criatividade, se há uma variedade de atividades, se há questões a se resolver e se elas solicitam o interesse do trabalhador. Mas é importante lembrar que nem sempre uma variedade muito grande de tarefas é necessariamente estimulante. Por exemplo, quando se requer grande memorização e aprendizado e as tarefas devem ser executadas com fortes exigências de tempo.

A maior ou menor riqueza do conteúdo das tarefas passa também pela avaliação do trabalhador e depende das suas aspirações na vida, bem como, das suas motivações para o trabalho.

O conteúdo das tarefas está relacionado com o que nos textos de referência sobre DORT vem na rubrica de fatores psicossociais. Kuorinka & Forcier (1995), por exemplo, dizem que: "Os fatores organizacionais são os aspectos objetivos da maneira pela qual o trabalho é organizado, supervisionado e efetuado. Os fatores psicossociais são as percepções subjetivas que o trabalhador tem dos fatores organizacionais. Logo, fatores organizacionais e psicossociais podem ser idênticos". Os fatores psicossociais veiculam um valor "emocional" no trabalhador. Por exemplo, a progressão profissional pode ser percebida como estimulante e como reconhecimento ao bom desempenho das tarefas, mas pode também ser seguida de uma reação de temor quando o trabalhador não se sente perfeitamente capaz de exercer o no*vo cargo.*

Em síntese, a análise ergonômica procura colocar em evidência os fatores que possam levar a uma sub ou sobrecarga de trabalho (física ou cognitiva) e suas consequentes repercussões sobre a saúde, estabelecendo quais são os pontos críticos que devem ser modificados.

Insistimos que uma análise deve levar em conta a expressão dos trabalhadores sobre suas condições de trabalho e que para transformá-las positivamente é preciso agir, quase sempre, sobre a organização do trabalho (Guerin, 1985:74).

17.6.3. Nas atividades que exijam sobrecarga muscular estática ou dinâmica do pescoço, ombros, dorso e membros superiores e inferiores, e a partir da análise ergonômica do trabalho, deve ser observado o seguinte:

a) todo e qualquer sistema de avaliação de desempenho para efeito de remuneração e vantagens de qualquer espécie devem levar em consideração as repercussões sobre a saúde dos trabalhadores;

Esse subitem, com suas alíneas, tem um alcance considerável, mas a maioria das pessoas não consegue aplicá-lo. Ele é muito claro. Se já ocorreram distúrbios osteomusculares relacionados ao trabalho (DORT) em qualquer parte do corpo (pescoço, ombros, dorso e membros superiores e inferiores), o que indica sobrecarga muscular estática ou dinâmica, não pode haver avaliação do desempenho individual. Se a avaliação é individual, significa sempre que o trabalhador vai ser premiado se atingir ou ultrapassar o patamar desejado ou punido, caso não o atinja. As avaliações são importantes no processo produtivo, pois é a partir delas que a empresa faz projeções a respeito da sua capacidade de cumprir contratos, de sua eficiência, a necessidade de aumentar ou reduzir o efetivo etc. Mas essas avaliações têm que ser coletivas. As avaliações individuais provocam estresse no trabalhador e são patogênicas por si mesmas, quer dizer, mesmo que não haja premiação para quem produza mais. Aliás, se há avaliação individual, há alguma intenção oculta, nem que seja demitir os mais lentos. Logo, uma premiação está sempre implícita, nem que seja a manutenção do emprego.

Muitos sindicalistas têm se queixado da falta de detalhamento da NR-17 para seus setores específicos. Nossa opinião é que, embora as correções de mobiliário e equipamentos tenham alguma influência na prevenção da (DORT), o incentivo à produção via prêmios, vantagens financeiras ou qualquer outra é o fator que mais contribui. Logo, correções de mobiliário e equipamentos são ineficazes, se a pressão por aumento da cadência continuar. O desafio é que os atores sociais (auditor-fiscal do trabalho, representantes dos trabalhadores e os próprios trabalhadores) consigam abolir os incentivos à produção.

Por mais que se queira, uma norma não consegue detalhar todos os casos particulares. Para se conseguirem mudanças, tais como a abolição de prêmios de produção, é imprescindível que se estude bem a situação.

b) devem ser incluídas pausas para descanso.

É outra queixa constante de que apenas o trabalho com entrada eletrônica de dados foi contemplado com as pausas quantificadas. Geralmente, nos outros setores produtivos, tenta se implantar o mesmo sistema de pausas. Isso tem que ser avaliado com muito cuidado, pois cada tarefa tem a sua particularidade. Nas linhas de montagem, por exemplo, a queixa mais comum é que o tempo alocado à realização da tarefa é muito reduzido e quando há incidente, o trabalhador só consegue realizá-la com grande esforço e agilidade. Isso faz com que ele esteja sempre ansioso com a possibilidade de não conseguir realizar bem a tarefa. Nesse caso, seria muito mais útil um aumento no tempo do ciclo destinado à tarefa que uma pausa de 10 minutos a cada 50 minutos trabalhados. Assim, poder-se-ia fazer uma micropausa entre um ciclo e outro, permitindo o retorno das articulações à posição neutra, o que está mais que provado reduzir a incidência de DORT. Na prática, isso significa diminuir a velocidade da esteira. Ora, sabemos bem que diante de certos eventos (como o aumento da demanda), a velocidade da esteira é logo aumentada pelas instâncias superiores. Logo, a micropausa, apesar de ser bastante benéfica do ponto de vista fisiológico, não é devidamente apropriada pelos trabalhadores. Já a macropausa (como 10 minutos de descanso a cada 50 trabalhados) é mais bem apropriada e torna-se um direito mais difícil de ser retirado.

Num outro extremo, há tarefas em que pausas muito frequentes são mais difíceis de serem operacionalizadas, como por exemplo, para um caixa de supermercado. O fechamento de um caixa é tarefa complicada, pois há uma fila de clientes à espera. Não se pode simplesmente sair e pronto. É preciso chamar um fiscal de caixa, remanejar os clientes etc. Não pode haver um substituto do caixa na sua ausência por causa do manuseio do dinheiro. Colocar um substituto implica fazer acerto de caixa. Daí ser impraticável uma pausa a cada 50 minutos trabalhados. Diante de tantas medidas a serem tomadas, preferem-se pausas maiores e menos frequentes.

É impossível uma fórmula geral que seja conveniente a todos. A duração da pausa depende da correlação de forças.

3. LIMITES DE UMA NORMA

A NR-17, como todas as normas, não aponta soluções para todas as situações precisas encontradas na prática. A solução dos problemas só é possível pelo esforço conjunto de todos os interessados. É imprescindível também o acompanhamento das pesquisas que têm sido feitas mais recentemente e a consulta a manuais especializados e normas de outros países.

ANEXOS

1. NR 17 – ERGONOMIA (117.000-7)

- *Vide página 9.*

2. EQUAÇÃO DO NIOSH PARA LEVANTAMENTO MANUAL DE CARGAS[5]

O objetivo desta Nota Técnica é a difusão da equação do NIOSH (*National Institute for Occupational Safety and Health*, USA) para sua aplicação prática e para o cálculo do peso máximo recomendado na manipulação manual de cargas, podendo-se, assim, redesenhar o posto de trabalho e evitar o risco de sofrer de lombalgia devido à manipulação de cargas.

Introdução

A manipulação e o levantamento de cargas são as principais causas de lombalgia. Estas podem aparecer por sobre esforço ou como resultado de esforços repetitivos. Outros fatores como empurrar ou puxar cargas, as posturas inadequadas e forçadas ou as vibrações estão diretamente relacionados com o aparecimento deste distúrbio.

O *National Institute for Occupational Safety and Health – NIOSH*, desenvolveu em 1981 (NIOSH, 1981) uma equação para avaliar a ma-

5. Tradução da norma espanhola NTP 477 (Centro Nacional de Condiciones de Trabajo Espanha), S/D.

nipulação de cargas no trabalho. Sua intenção era criar uma ferramenta para poder identificar os riscos de lombalgia associados à carga física a que estava submetido o trabalhador e recomendar um limite de peso adequado para cada tarefa em questão, de maneira que uma determinada percentagem da população – a ser fixada pelo usuário da equação – pudesse realizar a tarefa sem risco elevado de desenvolver lombalgia. Em 1991, a equação foi revista e novos fatores foram introduzidos: a manipulação assimétrica de cargas, a duração da tarefa, a frequência dos levantamentos e a qualidade da pega. Além disso, discutiram-se as limitações da equação e o uso de um índice para a identificação de riscos.

Tanto a equação de 1981 como a sua versão modificada em 1991 foram elaboradas levando-se em conta três critérios: o biomecânico, que limita o estresse na região lombo-sacro, que é o mais importante em levantamentos pouco frequentes que, porém, requerem um sobre esforço; o critério fisiológico, que limita o estresse metabólico e a fadiga associada a tarefas de caráter repetitivo; e o critério psicofísico, que limita a carga baseando-se na percepção que o trabalhador tem da sua própria capacidade, aplicável a todo tipo de tarefa, exceto àquelas em que a frequência de levantamento é elevada (mais de seis levantamentos por minuto).

A revisão da equação, realizada pelo comitê do *NIOSH* no ano de 1994 (WATERS, T.; PUTZANDERSON, V.; GARG, A.; FINE, L., 1993 e 1994) completa a descrição do método e as limitações de sua aplicação (ver tabela 1). De acordo com esta última revisão, a equação *NIOSH* para o levantamento de cargas determina o limite de peso recomendado (LPR), a partir do quociente de sete fatores, que serão explicados mais adiante, sendo o índice de risco associado ao levantamento, o quociente entre o peso da carga levantada e o limite de peso recomendado para essas condições concretas de levantamento.

$$\text{Índice de levantamento} = \frac{\text{carga levantada}}{\text{limite de peso recomendado}}$$

Tabela 1 – Equação NIOSH revisada (1994)

NIOSH 1994
LPR = LC x HM x VM x DM x AM x FM x CM

onde:	DM: fator de deslocamento vertical
LC: constante de carga	AM: fator de assimetria
HM: fator de distância horizontal	FM: fator de frequência
VM: fator de altura	CM: fator de pega

Critérios

Os critérios para estabelecer os limites de carga são de caráter biomecânico, fisiológico e psicofísico.

Critério biomecânico

Ao manejar uma carga pesada ou ao fazê-lo incorretamente, aparecem uns momentos mecânicos na zona da coluna vertebral – concretamente na união dos segmentos vertebrais L5/S1 – que causam um considerável estresse na região lombar. Das forças de compressão, torção e cisalhamento que aparecem, considera-se a compressão do disco L5/S1 como a principal causa de risco de lombalgia.

Através de modelos biomecânicos, e usando dados recolhidos em estudos sobre a resistência de tais vértebras, chegou-se a considerar uma força de 3,4 kN como força-limite de compressão para o aparecimento do risco de lombalgia.

Critério fisiológico

Ainda que se disponha de poucos dados empíricos que demonstrem que a fadiga aumenta o risco de danos musculoesqueléticos, é reconhecido que as tarefas com levantamentos repetitivos podem facilmente exceder as capacidades normais de energia do trabalhador, provocando uma diminuição prematura de sua resistência e um aumento da probabilidade de lesão.

O comitê do *NIOSH* em 1991 compilou alguns limites da capacidade aeróbica máxima para o cálculo do gasto energético, que são os seguintes:

Em levantamentos repetitivos, 9,5K cal/min será a capacidade aeróbica máxima de levantamento.

Em levantamentos que requeiram erguer os braços acima de 75 cm, não se superarão os 70% da capacidade aeróbica máxima.

Não se superarão os 50%, 40% e 30% da capacidade aeróbica máxima ao calcular o gasto energético das tarefas de duração de 1 hora, de 1 a 2 horas e de 2 a 8 horas, respectivamente.

Critério psicofísico

O critério psicofísico se baseia em dados sobre a resistência e a capacidade dos trabalhadores que manipulam cargas com diferentes frequências e durações. Baseia-se no limite de peso aceitável para uma pessoa trabalhando em condições determinadas e integra o critério biomecânico e o fisiológico, porém tende a sobre-estimar a capacidade dos trabalhadores para tarefas repetitivas de duração prolongada.

Componentes da equação

Antes de começar a definir os fatores da equação, deve-se definir o que se entende por localização-padrão de levantamento. Trata-se de uma referência no espaço tridimensional para avaliar a postura de levantamento.

A distância vertical da pega da carga ao solo é de 75 cm e a distância horizontal da pega ao ponto médio entre os tornozelos é de 25 cm. Qualquer desvio em relação a esta referência implica um afastamento das condições ideais de levantamento (ver Figura 1).

Figura 1 – Localização-padrão de levantamento

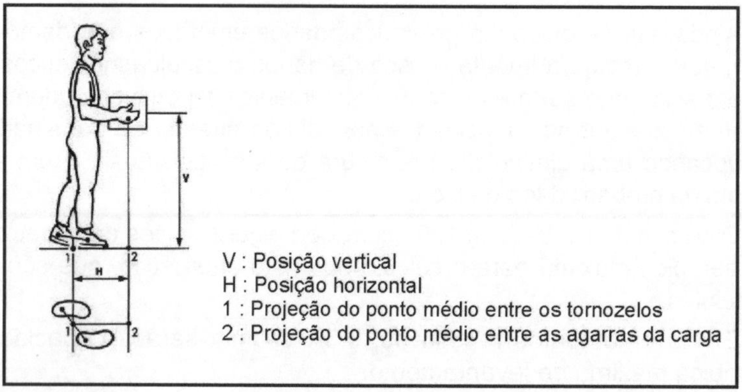

Estabelecimento da constante de carga

A constante de carga (LC, *load constant*) é o peso máximo recomendado para um levantamento desde que a localização-padrão e em condições ótimas, quer dizer, em posição sagital (sem torções do dorso nem posturas assimétricas), fazendo um levantamento ocasional, com uma boa pega da carga e levantando a carga a menos de 25 cm. O valor da constante foi fixado em 23 kg. O estabelecimento do valor desta constante levou em conta critérios biomecânicos e fisiológicos.

O levantamento de uma carga igual ao valor da constante de carga em condições ideais seria realizado por 75% da população feminina e por 90% da masculina, de maneira tal que a força de compressão no disco L5/S1, produzida pelo levantamento, não supere os 3,4 kN.

Obtenção dos Coeficientes da Equação

A equação emprega seis coeficientes que podem variar entre 0 e 1, segundo as condições em que se dá o levantamento.

O caráter multiplicativo da equação faz com que o valor limite de peso recomendado vá diminuindo à medida que nos afastamos das condições ótimas de levantamento.

Fator de Distância Horizonte, HM (*Horizontal Multiplier*)

Estudos biomecânicos e psicofísicos indicam que a força de compressão no disco aumenta proporcionalmente à distância entre a carga e a coluna. O estresse por compressão (axial) que aparece na zona lombar está, portanto, diretamente relacionado a esta distância horizontal (H em cm) que se define como a distância horizontal entre a projeção sobre o solo do ponto médio entre as pegas da carga e a projeção do ponto médio entre os tornozelos. Caso H não possa ser medido, pode-se obter um valor aproximado mediante a equação:

$$H = 20 + w/2 \text{ se } V \geq 25\text{cm}$$

$$H = 25 + w/2 \text{ se } V < 25\text{cm}$$

onde W é a extensão da carga no plano sagital e V a altura das mãos em relação ao solo. O fator de distância horizontal (HM) determina-se como se segue:

$$HM = 25/H$$

São mais penalizados os levantamentos nos quais o centro de gravidade da carga está separado do corpo. Se a carga é levantada junto ao corpo ou a menos de 25 cm do mesmo, o fator toma o valor 1. Considera-se que H > 63 cm dará lugar a um levantamento com perda de equilíbrio, pelo que se fixará HM = 0 (o limite de peso recomendado será igual a zero).

Fator de Altura, VM (*Vertical Multiplier*)

São penalizados os levantamentos nos quais as cargas devem ser apanhadas em posição muito baixa ou demasiadamente elevada.

O comitê do *NIOSH* estabeleceu em 22,5% a diminuição do peso em relação à constante de carga para o levantamento até o nível dos ombros e para o levantamento a partir do nível do solo.

Este fator valerá 1 quando a carga estiver situada a 75 cm do solo e diminuirá à medida que nos distanciemos desse valor. Determina-se:

$$VM = (1 - 0{,}003\ [V - 75])$$

onde V é a distância vertical entre o ponto de pega e o solo. Se V > 175 cm, tomaremos VM = 0.

Fator de Deslocamento Vertical, DM (*Distance Multiplier*)

Refere-se à diferença entre a altura inicial e final da carga. O comitê estabeleceu em 15% a diminuição na carga quando o deslocamento se der desde o solo até além da altura dos ombros. Determina-se:

$$DM = (0{,}82 + 4{,}5/D)$$

$$D = V1 - V2$$

onde V1 é a altura da carga em relação ao solo na origem do movimento e V2 a altura ao final do mesmo.

Quando D < 25 cm, manteremos DM = 1, valor que irá diminuindo à medida que aumenta a distância de deslocamento cujo valor máximo aceitável se considera 175 cm.

Fator de Assimetria, AM (*Asymetric Multiplier*)

Considera-se como assimétrico um movimento que começa ou termina fora do plano médio-sagital, como mostra a Figura 2. Este movimento deverá ser evitado sempre que possível. O ângulo de giro (A) deverá ser medido na origem do movimento e se a tarefa requerer um controle significativo da carga, isto é, se o trabalhador tiver de colocar a carga de uma forma determinada em seu ponto de destino, também deverá ser medido o ângulo de giro ao final do movimento.

Figura 2
Representação gráfica do ângulo de assimetria do levantamento (A)

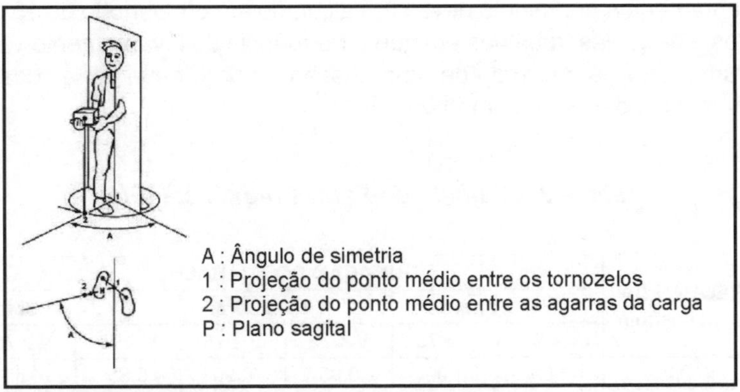

Foi estabelecido que:

$$AM = 1 - (0{,}0032A)$$

O comitê estabeleceu em 30% a diminuição para levantamentos que impliquem torções no tronco de 90°. Se o ângulo de torção for superior a 135°, tomaremos AM = 0.

Podemos encontrar levantamentos assimétricos em várias situações de trabalho:

- *quando existe um ângulo entre a origem e o destino do levantamento;*
- *quando se utiliza o corpo como trajeto do levantamento, como ocorre ao se levantarem sacos ou caixas;*
- *em espaços reduzidos ou solos instáveis;*
- *quando, por motivos de produtividade, se força a redução do tempo de levantamento.*

Fator de Frequência, FM (*Frequency Multiplier*)

Este fator é definido pelo número de levantamentos por minuto, pela duração da tarefa de levantamento e pela altura dos mesmos.

A tabela de frequência foi elaborada baseando-se em dois grupos de dados. Os levantamentos com frequências superiores a quatro levantamentos por minuto foram estudados segundo um critério psicofísico; os casos de frequências inferiores foram determinados por meio das equações de gasto energético (ver Tabela 2). O número médio de levantamentos por minuto deve ser calculado em um período de 15 minutos e naqueles trabalhos em que a frequência de levantamento varia de uma tarefa a outra, ou de uma sessão a outra, deve ser estudado cada caso independentemente.

Tabela 2 – Cálculo do Fator Frequência (FM)

FREQUÊNCIA Elevações/min	DURAÇÃO DO TRABALHO					
	≤ 1 hora		> 1 – 2 horas		> 2 – 8 horas	
	V < 75	V ≥ 75	V < 75	V ≥ 75	V < 75	V ≥ 75
≤ 0,2	1,00	1,00	0,95	0,95	0,85	0,85
0,5	0,97	0,97	0,92	0,92	0,81	0,81
1	0,94	0,94	0,88	0,88	0,75	0,75
2	0,91	0,91	0,84	0,84	0,65	0,65
3	0,88	0,88	0,79	0,79	0,55	0,55
4	0,84	0,84	0,72	0,72	0,45	0,45
5	0,80	0,80	0,60	0,60	0,35	0,35
6	0,75	0,75	0,50	0,50	0,27	0,27
7	0,70	0,70	0,42	0,42	0,22	0,22
8	0,60	0,60	0,35	0,35	0,18	0,18
9	0,52	0,52	0,30	0,30	0,00	0,15
10	0,45	0,45	0,26	0,26	0,00	0,13
11	0,41	0,41	0,00	0,23	0,00	0,00
12	0,37	0,37	0,00	0,21	0,00	0,00
13	0,00	0,34	0,00	0,00	0,00	0,00
14	0,00	0,31	0,00	0,00	0,00	0,00
15	0,00	0,28	0,00	0,00	0,00	0,00
>15	0,00	0,00	0,00	0,00	0,00	0,00

Os valores de V estão em cm. Para frequências inferiores a 5 minutos, utilizar F = 0,2 elevação por minuto.

Quanto à duração da tarefa, considera-se de curta duração quando se tratar de uma hora ou menos de trabalho (seguida de um tempo de recuperação de 1,2 vezes o tempo de trabalho), de duração moderada quando é de uma a duas horas (seguida de um tempo de recuperação de 0,3 vezes o tempo de trabalho), e de grande duração quando é de mais de duas horas.

Se, por exemplo, uma tarefa dura 45 minutos, deveria estar seguida de um período de recuperação de 45 *x* 1,2 = 54 minutos. Se não for assim, será considerada de duração moderada. Se outra tarefa dura 90 minutos, se não for assim, será considerada de grande duração.

Fator de Pega, CM (*Coupling Multiplier*)

É obtido segundo a facilidade da pega e a altura vertical de manipulação da carga. Estudos psicofísicos demonstraram que a capacidade de levantamento seria diminuída por uma má pega da carga e que isso implicava a redução do peso entre 7% a 11% (ver Tabelas 3 e 4).

Tabela 3 – Classificação da Pega de uma Carga

MÁ	REGULAR	BOA
1. Recipientes de desenho ótimo nos quais as alças ou apoios perfurados no recipiente tenham sido desenhados otimizando a pega (ver definições 1, 2 e 3).	1. Recipientes de desenho ótimo com alças ou apoios perfurados no recipiente de desenho subótimo (ver definições 1, 2, 3 e 4).	1. Recipientes de desenho subótimo, objetos irregulares ou peças soltas que sejam volumosas, difíceis de sustentar ou com bordas afiladas (ver definição 5).
2. Objetos irregulares ou peças soltas quando se podem empunhar confortavelmente; isto é, quando a mão pode envolver facilmente o objeto (ver definição 6).	2. Recipientes de desenho ótimo sem alças nem apoios perfurados no recipiente, objetos irregulares ou peças soltas nos quais a pega permite uma flexão de 90º na palma da mão (ver definição 4).	2. Recipientes deformáveis.

Tabela 4 – Determinação do Fator de Pega (CM)

TIPO DE PEGA	FATOR DE PEGA (CM)	
	V < 75	**V ≥ 75**
Boa	1,00	1,00
Regular	0,95	1,00
Má	0,90	0,90

Definições:

1. Alça de desenho ótimo: é aquela de longitude maior que 11,5 cm, de diâmetro entre 2 e 4 cm, com um espaço de 5 cm para colocar a mão, de forma cilíndrica e de superfície suave, porém não escorregadia.
2. Apoio perfurado de desenho ótimo: é aquele de longitude maior que 11,5 cm, largura maior que 4 cm, espaço superiora 5 cm, com uma espessura maior que 0,6 cm na zona de pega e de superfície não rugosa.
3. Recipiente de desenho ótimo: é aquele cuja longitude frontal não supera os 40 cm, sua altura não é superior a 30 cm e é macio e não escorregadio ao tato.
4. A pega da carga deve ser tal que a palma da mão fique flexionada em 90º, no caso de uma caixa deve ser possível colocar os dedos na base da mesma.
5. Recipiente de desenho subótimo: é aquele cujas dimensões não se ajustam às descritas no ponto 3, ou sua superfície é rugosa ou escorregadia, seu centro de gravidade é assimétrico, possui bordas afiladas, seu manejo implica o uso de luvas ou seu conteúdo é instável.
6. Peça solta de fácil pega: é aquela que permite ser comodamente abarcada com a mão sem provocar desvios do punho e sem precisar de uma força de pega excessiva.

Identificação do risco pelo do Índice de Levantamento

A equação *NIOSH* é baseada no conceito de que o risco de lombalgia aumenta com a demanda de levantamentos da tarefa.

O índice de levantamento que se propõe é o quociente entre o peso da carga levantada e o peso da carga recomendada segundo a equação *NIOSH*.

A função risco não está definida, razão pela qual não é possível quantificar de maneira precisa o grau de risco associado aos incrementos do índice de levantamento. No entanto, podem ser consideradas três zonas de risco segundo os valores do índice de levantamento obtidos para a tarefa:

1. Risco limitado (índice de levantamento < 1). A maioria dos trabalhadores que realizam este tipo de tarefa não deveria ter problemas.
2. Aumento moderado do risco (1 < índice de levantamento < 3). Alguns trabalhadores podem adoecer ou sofrer lesões se realizam essas tarefas. As tarefas desse tipo devem ser redesenhadas ou atribuídas apenas a trabalhadores selecionados que serão submetidos a controle.
3. Aumento elevado de risco (índice de levantamento > 3). Este tipo de tarefa é inaceitável do ponto de vista ergonômico e deve ser modificada.

Principais limitações da equação

A equação *NIOSH* foi concebida para avaliar o risco associado ao levantamento de cargas em determinadas condições, por isso torna-se importante mencionar suas limitações para que não se faça mau uso da mesma:

- não leva em conta o risco potencial associado aos efeitos cumulativos dos levantamentos repetitivos;
- não considera eventos imprevistos como deslizamentos, quedas nem sobrecargas inesperadas;
- também não foi concebida para avaliar tarefas nas quais se levanta a carga com apenas uma mão, sentado ou agachado ou quando se trate de carregar pessoas, objetos frios, quentes ou sujos, nem nas tarefas nas quais o levantamento se faça de forma rápida e brusca;
- pressupõe um atrito razoável entre o calçado e o solo (μ> 0, 4);
- se a temperatura ou a umidade estiverem fora da faixa – (19°C, 26°C) e (35%, 50%) respectivamente, seria necessário acres-

centar ao estudo avaliações do metabolismo para que fosse acrescentado o efeito de tais variáveis ao consumo energético e na frequência cardíaca;

- torna-se impossível aplicar a equação quando a carga levantada seja instável, situação em que a localização do centro de massas varia significativamente durante o levantamento. Este é o caso dos recipientes que contêm líquidos ou dos sacos semi vazios.

Cálculo do índice composto para tarefas múltiplas

Quando o trabalhador realiza várias tarefas nas quais ocorrem levantamentos de cargas, torna-se necessário o cálculo de um índice composto de levantamento para estimar o risco associado a seu trabalho.

Uma simples média dos distintos índices daria lugar a uma compensação de efeitos que não estimaria o risco real. A seleção do maior índice não levaria em conta o aumento do risco acarretado pelas outras tarefas.

O *NIOSH* recomenda o cálculo de um índice de levantamento composto (ILC), cuja fórmula é a seguinte:

$$\sum_{i=2}^{n} ILC = ILT_1 + \sum_{i=2}^{n} \delta\, ILT_i$$

$$\sum_{i=2}^{n} \delta\, ILT_i = (ILT_2(F_1 + F_2) - ILT_2(F_1)) + (ILT_3(F_1 + F_2 + F_3) - ILT_3(F_1 + F_2)) + \ldots$$

$$\ldots + (ILT_n(F_1 + F_2 + F_3 + \ldots\ldots + F_n) - (ILT_n(F_1 + F_2 + F_3 + \ldots + F_{(n-1)}))$$

onde:

- ILT_1 é o maior índice de levantamento obtido entre todas as tarefas simples;
- ILT_i (F_j) é o índice de levantamento da tarefa i, calculado i na frequência da tarefa j;
- ILT_i $(F_j + F_k)$ é o índice de levantamento da tarefa i, calculado i na frequência da tarefa j, mais a frequência da tarefa k.

O processo de cálculo é o seguinte

1. Cálculo dos índices de levantamento das tarefas simples (ILT_i).
2. Ordenamento do maior ao menor dos índices simples (ILT_1, ILT_2, ILT_3, ..., ILT_n).
3. Cálculo do acumulado de aumentos de riscos associados às diferentes tarefas simples.

Este incremento é a diferença entre o risco da tarefa simples na frequência de todas as tarefas simples consideradas até o momento incluída a atual, e o risco da tarefa simples na frequência de todas as tarefas consideradas até o momento, menos a atual (ILT_i (F_1+F_2+F_3 +...+F_i) – ILT_i (F_1+F_2+F_3+...+$F_{(i-1)}$).

Exemplo

Um trabalhador tem como atividade habitual, durante a maior parte de sua jornada de trabalho, a descarga de sacos e caixas que chegam em seu posto de trabalho em paletes os quais devem ser colocados em uma cinta transportadora de 75 cm de altura (V). Os sacos são de dois tipos, alguns pesam 20 kg e podem ser considerados como tendo boa pega e os outros pesam 25 kg e sua pega é considerada má. O ritmo de produção e as necessidades de matéria-prima exigem que se descarreguem em frequências diferentes. Os sacos de 20 kg a 1 por minuto (F_1), os de 25 kg a 2 por minuto (F_2) e as caixas também a 2 levantamentos por minuto (F_3).

A altura inicial do palete é de 80 cm e, evidentemente, vai diminuindo à medida que se realiza a descarga. Deparamos, portanto, com dois casos extremos: quando o palete está cheio – e o trabalhador deve elevar os braços – e quando o palete está quase vazio – e deve agachar-se. Esse exemplo centralizar-se-á no início da descarga, quando ambos os paletes estão cheios, ocasião em que a distância de descarga até a correia transportadora é de 80 – 75 = 5 cm (D).

Chamaremos de tarefa 1 à descarga de sacos de 20 kg, de tarefa 2 à descarga de sacos de 25 kg e tarefa 3 à descarga de caixas. As três tarefas são consideradas de duração moderada. A distância horizontal de pega (H) é de 25 cm na tarefa 1 e de 30 cm nas tarefas 2 e 3.

Quanto à assimetria do movimento, observa-se que o trabalhador realiza uma torção de 45º (A) quando descarrega as caixas, e não se observa torção na manipulação de sacos.

As Tabelas 5 e 6 contêm as variáveis e o cálculo dos coeficientes, os limites de peso recomendados e os índices de risco das tarefas consideradas independentemente.

Tabela 5
Variáveis de exemplo do índice composto

Variável	Tarefa 1	Tarefa 2	Tarefa 3
carga (kg)	20	25	15
H (cm)	25	30	30
V (cm)	75	75	75
D (cm)	5	5	5
A (graus)	0	0	45
F (levantamentos/min)	1	2	2
Pega	boa	má	boa

Tabela 6
Cálculo de coeficientes do exemplo de índice composto

Coeficiente	Tarefa 1	Tarefa 2	Tarefa 3
HM = 5/H	1	0,83	0,83
VM = (1-0,003 [V-75])	1	1	1
DM = 0,82+4,5/D	1	1	1
AM = 1-0,0032A	1	1	0,856
FM (ver Tabela 2)	0,88	0,84	0,84
CM (ver Tabela 4)	1	0,9	1
LPR = 23 HM VM DM AM FM CM	20,24	14,43	13,7
IL = carga/LPR	0,988	1,73	1,1

Se quiser calcular o risco total associado à atividade completa deste trabalhador, deve-se calcular o índice de levantamento composto.

Calculados os índices de levantamento das tarefas simples, eles devem ser ordenados do maior ao menor índice. Nesse caso, a ordem é:

Tarefa 2 (ILT_2 = 1,73),

Tarefa 3 (ILT_3 = 1,1) e

Tarefa 1 (ILT_1 = 0,988).

A fórmula toma a seguinte forma:

$$ILC = ILT_2(F_2)+(ILT_3(F_2+F_3)-ILT_3(F_2))+(ILT_1(F_2+F_3+F_1)-ILT_1(F_2+F_3))$$

sendo $ILT_3(F_2+F_3)$ o índice de levantamento da tarefa 3 calculado na frequência soma da frequência da tarefa 2 e a tarefa 3 e assim sucessivamente, obtendo-se os seguintes valores:

$FM(F_2 +F_3) = FM(2+2) = FM(4) = 0,72$

$LPR(T_3) = 23\ HM\ VM\ DM\ AM\ FM\ CM = 11,74$

$ILT_3(F_2+F_3) = carga/LPR(T_3) =1,3$

$FM(F_2) = FM(2) = 0,84$

$LPR(T_3) = 23\ HM\ VM\ DM\ AM\ FM\ CM = 13,7$

$ILT_3(F_2) = carga/LPR(T_3) = 1,1$

$FM(F_2+F_3+F_1) = FM(2+2+1) = FM(5) = 0,6$

$LPR(T_1) = 23\ HM\ VM\ DM\ AM\ FM\ CM = 13,8$

$ILT_1(F_2 +F_3 +F_1) = carga/LPR(T_1) = 1,45$

$FM(F_2+F_3) = FM(2+2) = FM(4) = 0,72$

$LPR(T_1) = 23\ HM\ VM\ DM\ AM\ FM\ CM = 16,56$

$ILT_1 (F_2 +F_3) = carga/LPR(T_1) = 1,2$

$ILC = 1,73 + (1,31,1) + (1,451,2) = 2,17$

Conclui-se, portanto, que o índice de levantamento associado à atividade composta das três tarefas é 2,17, o que implica um risco importante do ponto de vista ergonômico. As condições de levantamento deveriam ser modificadas. Nesse caso, poder-se-ia recomendar:

- colocar a carga mais próxima ao corpo nos levantamentos dos sacos de 25 kg e das caixas;
- evitar a torção no levantamento das caixas;
- melhorar a pega dos sacos de 25 kg;
- e, evidentemente – ainda que de difícil implantação na maioria das situações, uma vez que implica uma diminuição do ritmo de produção – reduzir a frequência de levantamentos.

Conclusões

O levantamento de cargas é uma das causas de lombalgia e outras patologias musculoesqueléticas frequentes no mundo do trabalho atualmente e necessita intervenção urgente.

Apesar de suas limitações, pode-se considerar a equação *NIOSH* para o levantamento de cargas como uma ferramenta útil e sensível que constitui um esforço a mais para prevenir as alterações na saúde provocadas pela manipulação de carga.

O caráter multiplicativo da equação permite ver como a situação estudada se afasta da situação ideal de levantamento e saber quais fatores são mais influentes nesse desvio, o que possibilita atuar sobre eles em um redesenho do posto.

A equação não assume a existência de outras atividades de manipulação de carga, à parte os levantamentos, tais como empurrar, arrastar, carregar, caminhar, subir ou abaixar.

Para a equação do *NIOSH*, considera-se toda atividade de gasto energético insignificante frente ao levantamento. Será necessária uma avaliação adicional quando a carga é transportada por mais de dois ou três passos ou quando é sustentada por mais de alguns segundos.

Quanto às posturas forçadas e estáticas, as vibrações, a temperatura, a umidade etc. são outros tantos fatores influentes no aparecimento de doenças e que deverão ser avaliados com outros métodos disponíveis e complementar, assim, a avaliação do posto de trabalho.

3. Nota Técnica nº 060/2001

Assunto: *Ergonomia – Indicação de postura a ser adotada na concepção de postos de trabalho.*

A presente Nota Técnica tem por objetivo a orientação de empregados, empregadores, auditores-fiscais do trabalho, profissionais ligados à área e outros interessados na indicação da melhor postura a ser adotada na concepção dos postos de trabalho.

1. A POSTURA DE TRABALHO

A postura mais adequada ao trabalhador é aquela que ele escolhe livremente e que pode ser variada ao longo do tempo. A concepção dos postos de trabalho ou da tarefa deve favorecer a variação de postura, principalmente a alternância entre a postura sentada e em pé.

O tempo de manutenção de uma postura deve ser o mais breve possível, pois seus efeitos nocivos ou não serão função do tempo durante o qual ela será mantida. Segundo Mairiaux (1992) *a apreciação do tempo de manutenção de uma* postura deve levar em conta, por um lado, o tempo unitário de manutenção (sem possibilidades de modificações posturais) e, por outro, o tempo total de manutenção registrado durante a jornada de trabalho.

Todo esforço de manutenção postural leva a uma tensão muscular estática (isométrica) que pode ser nociva à saúde.

Os efeitos fisiológicos dos esforços estáticos estão ligados à compressão dos vasos sanguíneos. O sangue deixa de fluir e o músculo não recebe oxigênio nem nutrientes, os resíduos metabólicos não são retirados, acumulando-se e provocando dor e fadiga muscular. Manutenções estáticas prolongadas podem também induzir ao desgaste das articulações, discos intervertebrais e tendões.

A postura de trabalho adotada é função da atividade desenvolvida, das exigências da tarefa (visuais, emprego de forças, precisão dos movimentos etc.), dos espaços de trabalho, da ligação do trabalhador com máquinas e equipamentos de trabalho como, por exemplo, o acionamento de comandos. As amplitudes de movimentos dos segmentos corporais como os braços e a cabeça, assim como as exigências da tarefa em termos visuais, de peso ou esforços, influenciam na posição do tronco e no esforço postural, tanto no trabalho sentado como no trabalho em pé.

Citamos, a seguir, alguns exemplos da influência sobre a postura sentada ou em pé, devido aos movimentos dos segmentos corporais:

Estudos de Nachemson e Elfstrom (1970) demonstraram que inclinações do tronco para frente ou torções do tronco por causadas exigências da tarefa (visuais ou de movimentos) levam a um aumento de mais de 30% na pressão sobre o disco intervertebral.

Segundo estudos de Andersson e col. (1974), quando motoristas mudam de marcha, são observadas pressões intradiscais mais elevadas, devido aos movimentos dos joelhos e da perna quando do uso da embreagem, tendo como consequência uma flexão lombar e, ainda, uma flexão adicional do tronco com o movimento do braço.

Outros estudos (Oliver e Middledith, *1998, apud* Schuldt e col., 1986) demonstram que existe um aumento dos níveis de atividade da coluna torácica superior e dos extensores da coluna vertebral como resultado, por exemplo, da abdução do braço, quando se trabalha sobre uma mesa muito alta.

A postura em pé

De maneira geral, na concepção dos postos de trabalho não se leva em consideração o conforto do trabalhador na escolha da postura de trabalho, mas sim as necessidades da produção.

A escolha da postura em pé, muitas vezes, tem sido justificada por considerar que, nessa posição, as curvaturas da coluna estejam em alinhamento correto e que, dessa forma, as pressões sobre o disco intervertebral são menores que na posição sentada. Segundo vários autores (Oliver e Middledith, *1998, apud* Adams e Hutton, 1980), *os músculos que sustentam o tronco contra a força* gravitacional, embora vigorosos, não são muito adequados para manter a postura em pé.

Eles são mais eficazes na produção dos movimentos necessários às principais mudanças de postura. Por mais econômica que possa ser em termos de energia muscular, a posição em pé ideal não é usualmente mantida por longos períodos, pois as pessoas tendem a utilizar alternadamente a perna direita e esquerda como apoio, para provavelmente facilitar a circulação sanguínea ou reduzir as compressões sobre as articulações.

A manutenção da postura em pé imóvel tem ainda as seguintes desvantagens:

- tendência à acumulação do sangue nas pernas, o que predispõe o aparecimento de insuficiência valvular venosa nos membros inferiores, resultando em varizes e sensação de peso nas pernas;
- sensações dolorosas nas superfícies de contato articulares que suportam o peso do corpo (pés, joelhos, quadris);
- a tensão muscular permanentemente desenvolvida para manter o equilíbrio dificulta a execução de tarefas de precisão;
- a penosidade da posição em pé pode ser reforçada se o trabalhador tiver ainda de manter posturas inadequadas dos braços (acima do ombro, por exemplo), inclinação ou torção de tronco etc.;
- a tensão muscular desenvolvida em permanência para manutenção do equilíbrio traz mais dificuldades para a execução de trabalhos de precisão.

A escolha da postura em pé só está justificada nas seguintes condições:

- a tarefa exige deslocamentos contínuos como no caso de carteiros e pessoas que fazem rondas;
- a tarefa exige manipulação de cargas com peso igual ou superior a 4,5 kg;
- a tarefa exige alcances amplos frequentes, para cima, para frente ou para baixo; no entanto, deve-se tentar reduzir a amplitude desses alcances para que se possa trabalhar sentado;
- a tarefa exige operações frequentes em vários locais de trabalho, fisicamente separados;
- a tarefa exige a aplicação de forças para baixo, como em empacotamento.

Fora dessas situações, não se deve aceitar, em hipótese alguma, o trabalho contínuo em pé. Muitos profissionais, no afã de resolver as dificuldades dos empregadores, têm emitido opiniões favoráveis ao trabalho em pé apenas para evitar que o plano de trabalho seja adaptado, o que acarretaria um certo custo monetário. Ora, os custos dessas pequenas adaptações são mínimos se comparados à fadiga e à penosidade das tarefas que vão ser executadas em pé durante todo o dia e por vários anos. Na maioria das vezes, nem é o gasto econômico que está na origem da dificuldade. Muitos empregadores têm a falsa impressão de que o trabalho sentado induz à indolência. Evidentemente, trata-se de uma falácia.

A posição sentada

O esforço postural (estático) e as solicitações sobre as articulações são mais limitados na postura sentada que na em pé. A postura sentada permite melhor controle dos movimentos pelo que o esforço de equilíbrio é reduzido. É, sem sombra de dúvida, a melhor postura para trabalhos que exijam precisão.

Em determinadas atividades ocupacionais (escritórios, trabalho com computadores, administrativo etc.), a tendência é de se permanecer sentado por longos períodos.

De maneira geral, os problemas lombares advindos da postura sentada são justificados pelo fato de a compressão dos discos intervertebrais ser maior na posição sentada que na posição em pé. No entanto, tais problemas não são apenas decorrentes das cargas que atuam sobre a coluna vertebral, mas, principalmente, da manutenção da postura estática. A imobilidade postural constitui um fator desfavorável para a nutrição do disco intervertebral que é dependente do movimento e da variação da postura. A incidência de dores lombares é menor quando a posição sentada é alternada com a em pé e menor ainda quando se podem movimentar os demais segmentos corporais como em pequenos deslocamentos.

A postura de trabalho sentado, se bem concebida (com apoios e inclinações adequados), pode até apresentar pressões intradiscais inferiores à posição em pé imóvel, desde que o esforço postural estático e as solicitações articulares sejam reduzidos ao mínimo.

Trabalhar sentado permite maior controle dos movimentos porque o esforço para manter o equilíbrio postural é reduzido. As vantagens da posição sentada são:

- baixa solicitação da musculatura dos membros inferiores, reduzindo assim a sensação de desconforto e cansaço;
- possibilidade de evitar posições forçadas do corpo;
- menor consumo de energia;
- facilitação da circulação sanguínea pelos membros inferiores.

As desvantagens são:

- pequena atividade física geral (sedentarismo);
- adoção de posturas desfavoráveis: lordose ou cifoses excessivas;
- estase sanguínea nos membros inferiores, situação agravada quando há compressão da face posterior das coxas ou da panturrilha contra a cadeira, se esta estiver mal posicionada.

Conforto de trabalho na posição sentada e na posição em pé

O conforto do trabalho sentado ou do trabalho em pé é função:

- **do tempo de manutenção** da postura (evitar esforços estáticos);
- **da adaptação às exigências visuais:** a localização das fontes de informações visuais vai determinar o posicionamento da cabeça que pode, por sua vez, influenciar a postura do tronco, levando o trabalhador a adotar posturas inadequadas prolongadas ou repetitivas da nuca em flexão, extensão e torção extrema ou de inclinação/torção do tronco. Exemplo comum: colocar monitores de vídeo lateralmente e/ou muito baixo ou muito alto;
- **dos espaços para pernas e pés:** a falta de espaço suficiente para pernas e pés induz o trabalhador a adotar posturas tais como: inclinação e torção do tronco, pernas muito flexionadas, aumento do braço de alavanca;
- **da altura do plano de trabalho:** a altura do plano de trabalho é um elemento importante para o conforto postural. Se o plano de trabalho é muito alto, o trabalhador deverá elevar os ombros e os braços durante toda a jornada. Se for muito baixo, ele trabalhará com as costas inclinadas para frente. Essa observação é válida tanto para trabalho sentado como para o trabalho em pé. O ponto de referência utilizado para determinar a altura confortável de trabalho é a *altura dos cotovelos* em relação ao piso, mas a natureza da tarefa *tem* de ser levada em consideração. No planejamento/adaptação do posto de trabalho sentado, deve-se sempre levar em consideração duas medidas principais: a altura da cadeira e a altura do plano de trabalho. Considerando que as dimensões corporais são muito diversas (inter e intraindividuais), no mínimo, uma dessas alturas tem de ser regulável, para facilitar a adaptação do posto à maioria dos trabalhadores;
- **das características da cadeira:** o assento de trabalho ideal deve ser determinado em função da atividade desenvolvida, das

condições ambientais de trabalho e principalmente da opinião dos usuários.

A seleção do assento

O assento deve ser adequado à natureza da tarefa e às dimensões antropométricas da população. Não existe uma cadeira que seja "ergonômica" independentemente da função exercida pelo trabalhador. Basta lembrar que uma cadeira confortável para assistir à televisão não é adequada para uma secretária que deve se movimentar entre a mesa, um arquivo e um aparelho de *telefax*. O contrário também é verdadeiro.

A altura do assento deve ser definida de forma que os pés estejam bem apoiados. A partir daí, ajusta-se a altura do assento em função da superfície de trabalho.

A regulagem inadequada do assento prejudica o conforto postural. Se o assento é muito alto, o apoio dos membros inferiores sobre o solo é diminuído, e uma parte do peso é suportada pelas coxas, levando a compressão da parte posterior das mesmas. Para diminuir essa pressão as pessoas tendem a se sentar na parte anterior da cadeira, exigindo contração estática dos membros inferiores e das costas. No assento muito baixo, o ângulo coxa-tronco diminui, induzindo a uma cifose lombar e pressão sobre os órgãos abdominais.

Quando o plano de trabalho e o assento são reguláveis em altura, a adequação do posto de trabalho é facilitada, o único problema que pode ainda existir é o de espaço para as coxas. Quando a altura do plano de trabalho for fixa, a regulagem do assento deve satisfazer três critérios:

- **o conforto dos membros inferiores:** os pés devem estar bem apoiados sobre o solo e não deve haver compressão das coxas. Para adequar o posto de trabalho a todos, deve ser disponibilizado suporte para os pés para os que têm estatura menor. O suporte não deve ser uma barra fixa, mas sim uma superfície inclinada (ângulo de inclinação no máximo de 20°) que apoie uma grande parte da região plantar e com material antiderrapante, podendo necessitar ainda de regulagem em altura para melhor adaptação ao comprimento das pernas dos trabalhadores;
- **o conforto dos membros superiores:** ângulos de conforto do braço e do antebraço;

Obs.: Os ângulos de conforto (para todos os segmentos corporais) não são os de limite máximo de mobilidade articular, mas limites de conforto, determinados em função de três critérios: opinião subjetiva dos trabalhadores, análise de dados médicos e medidas com eletromiografia.

Estudos com eletromiografia demonstram que quando as mãos se situam em um nível superior ao dos cotovelos, a atividade muscular é maior no antebraço e ombros que quando as mãos estão um pouco abaixo dos cotovelos, porque as pessoas tendem a elevar lateralmente os cotovelos ou os ombros (esforço estático);

- **o conforto visual:** função da distância olho-plano de trabalho, das características da atividade e da acuidade visual do trabalhador.

Características dos assentos

A profundidade do assento não pode ser muito reduzida nem muito grande.

Deve ser de um tamanho tal que o maior percentil (pessoas mais altas) mantenha seu centro de gravidade sobre o assento. O maior percentil precisa, então, ter profundidade de assento, no mínimo, igual à profundidade do tórax mais 2,5 cm para evitar uma base que não lhe dê firmeza. Na literatura, encontramos medidas que vão de 38 a 45 cm para a largura e de 38 a 43 cm para a profundidade. No entanto, o assento não pode ser muito profundo para que o menor percentil (pessoas pequenas) tenha mobilidade na área popliteal.

A conformação do assento deve também permitir alterações de postura, aliviando, assim, as pressões sobre os discos intervertebrais e as tensões sobre os músculos dorsais de sustentação. Portanto, assentos "anatômicos", em que as nádegas se encaixam neles, não são recomendados, pois permitem poucos movimentos.

A densidade do assento também é importante para suportar as tuberosidades isquiáticas (densidade mínima recomendável de 50 kg/ cm^3). É importante que o encosto forneça um bom suporte lombar e seja regulável em inclinação e altura para favorecer a adaptação da maioria das pessoas.

Conclusão

Qualquer postura desde que mantida de maneira prolongada é mal tolerada. A alternância de posturas deve ser sempre privilegiada, pois permite que os músculos recebam seus nutrientes e não fiquem fatigados.

A alternância da postura deve sempre ficar à livre escolha do trabalhador. Ele é quem vai saber, diante da exigência momentânea da tarefa, se é melhor a posição sentada ou em pé. Uma tarefa tem exigências variadas, por isso nunca se pode afirmar de antemão qual é a melhor postura baseando-se apenas em critérios biomecânicos. Por exemplo, um caixa de supermercado prefere ficar sentado quando manipula mercadorias leves, quando faz um troco ou quando confere cheques. Mas prefere se levantar quando lida com mercadoria pesada ou frágil, assim como quando percebe um cliente potencialmente agressivo. Permanecendo em pé, os olhos de ambos situam-se na mesma altura, diminuindo a sensação subjetiva de inferioridade. Logo, não são os fisiologistas que têm a palavra final sobre o conforto.

A postura de trabalho adotada é função da atividade desenvolvida, das exigências da tarefa (visuais, emprego de forças, precisão dos movimentos etc.), dos espaços de trabalho, da ligação do trabalhador com máquinas e equipamentos de trabalho como, por exemplo, o acionamento de comandos.

Um posto de trabalho, mesmo quando bem projetado do ponto de vista antropométrico, pode se revelar desconfortável e os fatores organizacionais, ambientais e sociais não forem levados em consideração.

A opinião dos trabalhadores, antes da compra de mobiliário, tem mostrado um bom resultado em nossa prática de trabalho. Algumas empresas colocam algumas opções para teste e decidem por aqueles que tiveram melhor aceitação. Pode-se notar que, quando o usuário tem influência na escolha, os fabricantes dos equipamentos investem mais em pesquisas para aperfeiçoá-los. Citamos, como exemplo, as cadeiras de odontólogos e os veículos automotores.

Referências

ADAMS, M. A., HUTTON, W C. *The effect of posture on the role of apophyseal joints in resisting intervertebral compressive forces,* J. Bone Jt. Surg. 1988.

ANDERSSON, B.J.G e ORTENGREN, R. *Lumbar disc pressure and myoeletric back muscle activity during sitting.* Scan J. Rehabilitation Medicine. 1974.

ARISTÓTELES. *Ética a Nicômaco*. v. II. Trad. de Leonel Vallandro e Gerd Bornheim. São Paulo: Abril Cultural, 1984. (Os pensadores).

ASSOCIATION FRANÇAISE DE NORMALISATION – AFNOR. *Ergonomie*. 2. ed. Paris: 1986. 211 p.

ANDERSSON B.J.G, e SVENSSON H. O, ODEN, A. *Quantitative studies of back loads in lifting*. Spine. 1976.

BOUDON, Bernard & BOURRICAUD, François. *Dicionário crítico de sociologia*. São Paulo: Ática. 1993.

CAMARGO, Antonio Benedito Maragone & YAZAKI, Lúcia Mayumi. "Características demográficas e socioeconômicas da população idosa", *in* FUNDAÇÃO SISTEMA ESTADUAL DE ANÁLISE DE DADOS (SP). *O idoso na Grande São Paulo:* São Paulo, SEADE. 1990. (Coleção Realidade Paulista) p. 42-100.

CENTRO NACIONAL DE CONDICIONES DE TRABAJO (ESPANHA). *NTP 477: Levantamiento manual de cargas: ecuación del NIOSH*. Redactoras: Silvia Nogareda Cuixart y Maria del Mar Canosa Bravo. [s.d].

DANIELLOU, François *et alii*. "Ficção e realidade do trabalho operário". *Revista Brasileira de Saúde Ocupacional,* 17 (68): 7-13, out./dez. 1989.

EASTMAN KODAK COMPANY. *Human Factors Section*. Ergonomic design for people at work. New York: Van Nostrand Reinhold. 1983.

GARCÍA, C.; CHIRIVELLA, C.; PAGE, A.; MORAGA, R.; JORQUERA. J. *Método ERGO IBV; evaluación de riesgos laborales asociados a la carga física*. Instituto de Biomecánica de Valencia. 1997.

GRANDJEAN, E. *Fitting the task to the man: an ergonomic approach*. London: Taylor & Francis, 1980.

———. *Manual de Ergonomia. Adaptando o trabalho ao homem*. Editora Artes Médicas Sul Ltda. 1998.

GUERIN, François *et alii*. *Comprendre le travail pour le transformer: la pratique de l'ergonomie*. Montrouge: ANACT. 1997. 289 p.

GUIMARÃES, L.B.M. Postos de trabalho, Equipamentos e Ferramentas, Arranjo físico dos postos, 3.1-8, Postura para manejo e controles, Ergonomia de Produtos, Vol. 2, Porto Alegre: UFRGS. 2000.

KUORINKA, Ikka & FORCIER, Lina (org.) *LATR: les lésions attribuables au travail répétitif:* ouvrage de référence sur les lésions musculosquelettiques liées au travail. Canadá: Multi Mondes. 1995.

LANCASTER, G.K. *Personal noise exposure*. part 2. A summary of six month survey at three collieries. *Colliery guardian:* may. 1986. p. 213.

LEPLAT, Jacques & CUNY, Xavier. *Introduction à la psychologie du travail*. Paris: PUF. 1977.

LIPS, W. WEICKHARDT, U., BUCHBERGER, J., KRUEGER, H., Le travail à l´écran de visualisation, Caisse Nationale Suisse d´Assurance em cas d´accidents , Sécurité au Travail, Lucerne. 1983.

MALCHAIRE, J. & PIETTE, A. *A comprehensive strategy for the assessment of noise exposure and risk of hearing impairment.* Annals of Occupational Hygiene. 41(4): 467-84, 1997.

MAIRIAUX, Ph. Polígrafo curso ergonomia, UCL – Universidade Católica de Louvain: Cap. V: A postura de trabalho. Cap. VI: Concepção do posto de trabalho. Bélgica. 1992.

MASCIA, F.L. & SZNELWAR, L.I. "Ergonomia". in CONTADOR, J.C. (org.). *Gestão de operações:* a engenharia de produção a serviço da modernização da empresa. São Paulo: Edgard Blücher. 1996. p. 165-76.

MOURE, M.L. *Utilização da análise ergonômica do trabalho para concepção e aplicação de uma metodologia para avaliação da exposição ao ruído em canteiros de obras.* Tese de doutorado – POLIUSP. São Paulo, 2000. mimeo.

NACHEMSON, A e ELFSTROM, G. *Intravital Dynamic Pressure Measurements in Lumbar Discs.* Scan. J. Rehabilitation Medicine, 1970.

NIOSH. Elements of ergonomics programs: a primer based on workplace evaluations of musculoskeletal disorders, U.S. Department of Health and Human Services: March, 1997, p. 104.

———. *Work practices guide for manual handling.* Technical report nº 81.122. US Department of Health and Human Services. Cincinnati, Ohio: National Institute for Occupational Health. 1981.

OLIVER, Jean, MIDDLEDITH, Alison. *Anatomia funcional da coluna vertebral.* Editora Revinter Ltda. 1998.

OLSEN, E. & JENSEN, B. *On the concept of the normal day:* quality control of occupational hygiene measurements. Applied Occupational Environmental Hygiene, nº 9. 1994. p. 245-55.

PANERO, J. , ZELNIK, M. *Las Dimensiones Humanas en los espacios interiores,* Apud Guimarães. 2000.

SCHULTZ, A .B., ANDERSSON G.B.J, HADERSPECK, K e al. *Analysis and measurements of lumbar trunk loads in tasks involving bends and twists.* J. Biomech, 1982. *Apud* Oliver e Middledith. 1998.

TEIGER, Catherine. "Le travail sous contrainte de temps". in CASSOU, Bernard et alii (dir.). *Les risques du travail:* pour ne pas perdre as vie à la ganer. 1. ed., Paris: La Découverte. 1995.

WATERS, T.; PUTZANDERSON, V.; GARG, A.; FINE, L. Revised *NIOSH* equation for the design and evaluation of manual lifting tasks. *Ergonomics* 36, nº 7, 749776. 1993.

———. *Applications manual for the revised NIOSH lifting equation.* National Institute for Occupational Health, Cincinnati, Ohio. 1994.

WISNER, Alain. *Por dentro do trabalho: ergonomia: método & técnica.* 1. ed. São Paulo: FTD/Oboré. 1987.

YAGLOU, C.P. *Temperature, humidity and air movement in industries: the effective temperature index.* Journal of Industrial Hygiene, nº 9. p. 297-309. 1927.